菜根人生

（輯錄於青年日報副刊「浪花集」專欄）

呂大朋 著

文史哲出版社 印行

國家圖書館出版品預行編目資料

菜根人生 / 呂大朋著. -- 初版. -- 臺北市 : 文史哲, 民 87
面 ; 公分. -- (文學叢刊 ; 81)
ISBN 957-549-173-4 (平裝)

1.修身

192.1 87014705

文 學 叢 刊 ㉛

菜 根 人 生

著　　者：呂 大 朋
出 版 者：文 史 哲 出 版 社
登記證字號：行政院新聞局版臺業字五三三七號
發 行 人：彭 正 雄
發 行 所：文 史 哲 出 版 社
印 刷 者：文 史 哲 出 版 社
臺北市羅斯福路一段七十二巷四號
郵政劃撥帳號：一六一八〇一七五
電話 886-2-23511028・傳眞 886-2-23965656

實價新臺幣二八〇元

中華民國八十七年十二月初版

ISBN 957-549-173-4

菜根人生目錄

菜根人生

獻詞（代序）

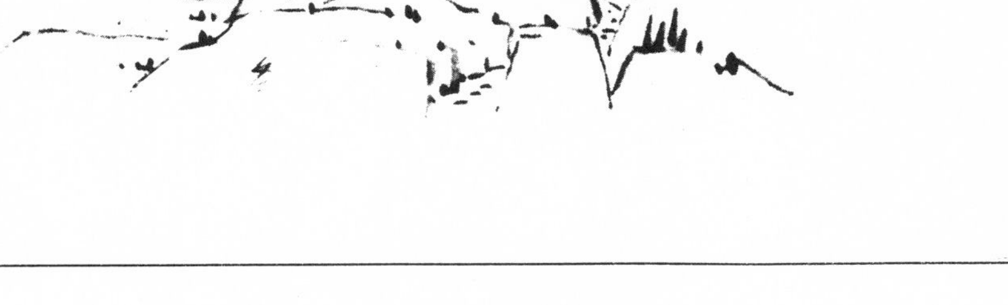

獻詞（代序）

詩能怡情，
文能益智。
這不是詩歌，
也不是散文。
是醒察世事的心得，
是激濁揚清的浪花。
雖然它——
　不如廟院的鐘聲，
　猶遜大漠的駝鈴。
然而它——
　確曾幫我增長定力，

也能使我永不迷失。

現在，

我願把它獻給你，

也要把它獻給妳。

願能啓發良知，

還望互相勉勵！

呂大朋

人生如戲，自己演自己；戲即人生，自己看自己。

這世界宛如一個大舞台，人生就是在演戲。每個人都在扮演一個角色，所演的正是各人自己。如果可以自由選擇，或許人人都想扮演英雄、美人，但事實上，不可能人人如願以償。不過有一點是不成問題的，那就是拒演娼妓和強盜（不當壞人、不做壞事），倒是人人都有這個權利，而且，決定權就在自己！

既然人生如戲，反過來說，戲劇就是反映人生。當我們欣賞或批評劇中人時，別忘了那正是一面鏡子。從鏡子中可以鑑賞別人的演技，也可以看清自己的扮相。如果在對照中，自己的演出確屬無懈可擊，那麼，不論所扮演的是「龍套」或是皇帝，都應肯定是成功的。

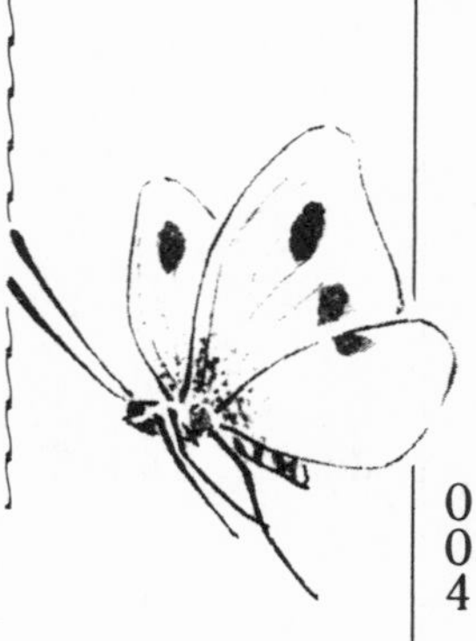

多讀書，學養必深；多遊歷，見聞自廣。

古諺云：書中自有顏如玉；書中自有黃金屋。所以，讀書曾被視爲升官發財的捷徑，而佳人才子也總是糾纏不清。其實，讀書的基本目標是充實學問。多讀書，學問的造詣必高。有了高深的學問，豈只可以營華屋、娶嬌妻？

今諺云：讀萬卷書行萬里路。這句話的時代意義，就是讀書與遊歷同等重要。不常旅遊的人，眼界不廣，如同坐井觀天。

唯有雲遊四方，才能廣閱歷，增見識。這和居家苦讀，縱非殊途同歸，倒也相得益彰。

少不畏苦，老不知愁；人有遠慮，方無近憂。

年輕力壯時，不怕吃苦，克勤克儉，老來才能不虞匱乏、安享天年。語云：人生不過百，莫懷千歲憂。本來嘛，世世代代在各個「跑道」的「接力比賽」中，每人只不過擔當「一棒」的角色，現實一點似乎沒錯。但哲人又提醒我們，「人無遠慮，必有近憂。」這又說明了懵懵懂懂、得過且過，並不是正確的人生觀。儘管人生苦短，但坎坷總是多於康莊，唯有未雨綢繆，才能有備無患。習慣晴天備傘的人，從不擔心「晴時多雲偶陣雨」。

對事不計小功，難集大成；對人不計小寃，終無大怨。

古人說：「爲大於微，圖難於易。」一般人做任何事都要從細微處著手；由簡易處開始。如果連細微簡易的事，都毫無功效可言，又怎能期待更大的工作成果？

人與人之間，由於接觸頻繁，難免會有摩擦；人與人之間，由於利害關係密切，難免發生利害衝突。不過，做人如能講求恕道，不把小小的不愉快看得過分嚴重，就不致影響正常的人際關係。

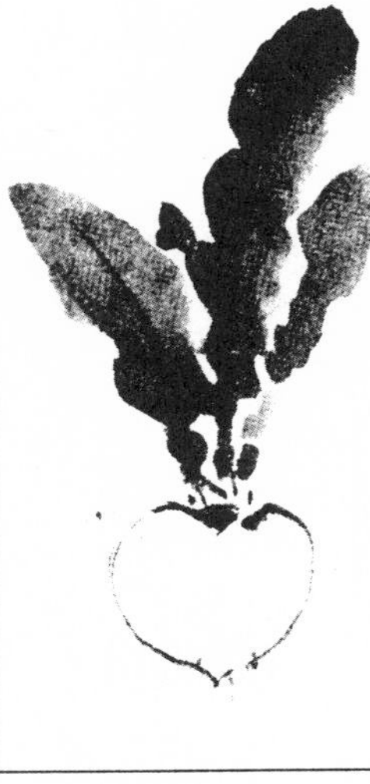

幽蘭只應隈谷有，賢妻難求；
阡陌到處迎春花，老婆易討。

最幽雅芬芳的蘭花，只能在深山澗谷處才可找到。要追求、物色一位賢妻，也和尋覓名貴的蘭花一樣地不易。

可是，田野小路旁，到處都有向陽怒放的小花。如果理想不高，條件不苛，討太太就如同採摘路邊小花，相信每個男人都可辦到。

菜根人生 6

醇酒喝多了一定沉醉；
讚美聽多了必然迷失。

喜歡喝酒的人，碰到好酒就會貪杯。但飲酒過量，一定爛醉如泥。如果變成「醉鬼」，不但亂性傷身，而且，家庭生計和事業前程，都會受到影響。

讚美，使人飄飄如沐春風。適切的讚美，能激發進取心，也能使人愛惜羽毛。但讚美過濫，反易令被讚美者恃寵而驕、目空一切，甚至自我迷失猶不自覺。

所謂「過猶不及」，讚美亦復如是。

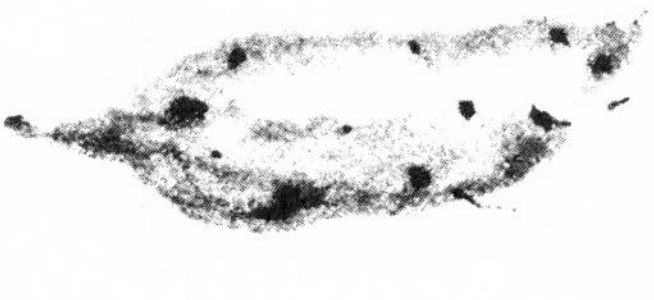

圓滑的人須守原則；方正的人須守金口。

圓滑的人，總想八面玲瓏、面面俱到。所以，處人做事，往往只重人情不守原則，結果爲人情所困而煩惱不堪。

無可否認的，人際關係誰也不能擺脫。因此，人情世故就不能不講。然而，不論身爲公職人員或是企業成員，做人做事必須外圓內方、堅持原則。否則，公私不分，是非不明，必然誤己害公。

方正的人，性格剛强，是非觀念特別强烈。由於重理性而不顧情面，所以，常因心直口快而使人難堪。久而久之樹敵必多，即使本身很有才幹，由於得不到別的人合作與支持，以致常有掣肘之憾。

要改正這一缺點，最好凡事多做少說。所謂「守住金口」，就是思而後言，言必溫厚委婉。

鐵杵能磨針，滴漏可穿石。
天下無難事，但看有心人。

只要工夫到了，即使是粗大的鐵棒，也能磨成細小的針；只要時間夠長，從那古老的滴水計時器滴下的水滴，也足以把地面的石板滴穿。

天下事只有想不到的，沒有做不到的。問題就在於有無正確的目標、堅强的意志。如果一個人自信目標正確，並且有恒心、有毅力。那麼，不論求學、創業或是研究發明，最後一定可以成功。

菜根人生 9

輕易到手的物品不以爲貴；輕易到口的瓜果不覺甜美。

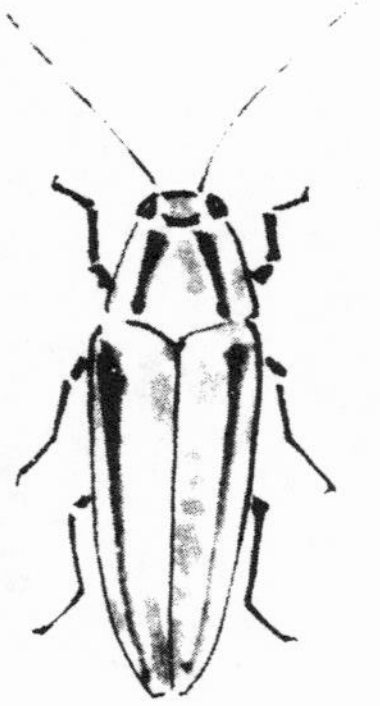

物以稀爲貴。凡是得來容易的東西，通常是不會特別珍惜的。同理，很容易到口的瓜果，也會不覺得風味絕佳。因此，有心人看到奢侈靡爛的社會風氣和聽到只爲私利不顧大體的無病呻吟，就不免要感歎地說：「人在福中不知福。」

在情場上，女孩子基於「易得不珍」的道理，也常會以退爲進，大吊男孩子胃口。但這種策略縱能奏效，倒未必能保證日後婚姻的美滿。因爲，要鞏固愛情，還需要對婚姻價値觀有正確的認識。更重要地是雙方對自己所扮演的角色，要有充分的自信。

會叫的鳥不孵蛋；愛吹的人不務實。

很會唱歌的鳥，大都喜歡借巢下蛋，而那孵卵的工作，也就順理成章地由巢主代勞了。

喜歡說大話的人，也都有華而不實的作風。儘管說得天花亂墜，卻沒有半點實際作爲。

不察其人之素行，勿信其人之言諾。不明其事之原委，勿斷其事之因果。

孔夫子說：「觀其色，聽其言，察其行，人焉廋哉。」以孔子閱人之道，觀察一個人言行是否一致；爲人是否存誠務實，真可謂一針見血、百試不爽。

現代人，一般而言，聰明有餘、忠厚不足。道德學養既非相輔相成，亦非齊頭並進。所以，對素行不稔、信譽不彰的人，巧言不可輕信；笑諾不必當真。

對任何事，都要先弄清事實真相，再加評斷是非因果。道聽塗說以訛傳訛或只憑表象渲染誤導；不是庸人自擾，便是混淆視聽。謠言、毀謗都是利用這種心理盲點蠱惑人心，聰明人豈可自愚愚人？

有陽光的地方就有陰影，凡事不應求全。有歡笑的背後就有淚水，甘美來自辛酸。

人間世，沒有絕對的真善美。如果有，那必是童話中的烏托邦或空中樓閣。事實上，有陽光的地方就有陰影。完全看不到陰影的地方，定然一片漆黑。明乎此，凡事只能精益求精、日新又新，不可陳義過高、刻意求全。否則不是空有口號、流於高調，就是抱殘守缺、原地踏步。所以，努力擴大社會的光明面，縮小人生的陰暗面，才是健康的革新理念和人生觀。記得四十年代，台北市的馬路，還是明溝處處，市民亂丟垃圾的習慣猶難禁絕，而內政部長和市長，竟皆贊同吐痰入溝（污水溝）也應受罰，這就是典型的「求全」，其不切實際可想而知。

如果說，歡笑是代表幸福快樂或成功的喜悅，那麼，那歡笑的背後，

菜根人生 12

一定流過不少汗水和淚水。柳營中，常傳出「勝利絕不會天上掉下來」的嘹亮歌聲，其實，幸福、成功和勝利一樣，必須先要付出代價，才能換來甜美的果實。所以說，甘美是來自辛酸，不曾備嚐辛酸苦澀的人，即使有歡笑，也難以領略幸福、成功的美好滋味！

對奸人忍讓，勿使誤爲可欺；與莽漢週旋，貴乎以柔克剛。

忍讓是一種美德，是表現坦蕩的君子風度。但對於陰險狡詐的人，絕不能讓其誤以爲軟弱可欺。否則，就等於鼓勵他得寸進尺，予取予求。

台灣諺語：一樣米養百樣人。這和北方人所說，人上一百行行色色，其涵意是相同的。與好人來往或和壞人交手，都要因人而異。尤其是在與魯莽粗暴的人週旋時，必須採取陰柔迂迴的技巧，避免正面衝突。如果一時無法化解對方的暴戾之氣，使其明辨是非利害，最好的方法，就是虛與委蛇、以靜制動。像單身女子遇上色狼，直覺的反應與肢體防衛，往往助長暴力氣焰，惹火燒身。所以，在危急時，力持靜定，然後來個「金蟬脫殼」。

一棋之錯滿盤皆輸，可惜。一面之誤機緣難再，可歎。一念之差身敗名裂，可悲！

語云：棋錯一著滿盤皆輸。善奕者，亦每因棋局的變化莫測而陷入「長考」。如果，因關鍵性的一目放錯位置，以致應贏反輸，必然旁觀者扼腕，當局者頓足，同聲大呼可惜！

有人因驕傲自負而疏慢「貴人」的光顧禮遇，以致窮其一生，只能孤芳自賞。有人因大意爽約而錯過一次金玉良緣，以致終身遺恨。古今這類實例很多，但除了空留怨歎，還有什麼可說？

善惡常在一念之間，產生截然不同的結果，有人因一念之差而步入歧途或誤蹈法網，以致身敗名裂，甚至家破人亡，這種人生的結局，該是何等悲哀？

吃不窮，穿不窮，寅支卯糧一世窮；金不富，銀不富，開源節流代代富。

能吃不會窮，好穿也不會窮，唯有上個時辰動用下個時辰的預算，也就是不能量入爲出，常常透支的人，一輩子都要在捉襟見肘的困苦中掙扎。

財產不豐，鈔票不多，看起來也是窮小子。但若能苦幹實幹，生財有道，並且兼具節儉的美德。那麼，這代發達固爲理所當然，而家風代傳的結果，「五世其昌」也不爲奇。

慣説別人壞話，多因自卑心重；常常讚美別人，自己優點必多。

喜歡數説別人短處的人，大多是自卑心很重，唯恐被人瞧不起，就以批評別人來抬舉自己。

常常讚美人家，不僅是表現良好的風度，其實，他本身的優點必然很多。因爲，本身没有自卑感，便不會產生褒揚了別人就等於貶抑了自己的下意識。

貧有傲骨能自重；富肯禮賢不違仁。

貧窮固然可悲，但貧窮只是收入不多、物質匱乏，這與人格的高下無關。然而，正如孔夫子所說：「君子固窮，小人窮斯濫矣。」假如貧有傲骨，寧肯打工送報，也不向人乞憐；寧願喝稀飯、吃鹹菜，也不向人伸手。這樣風骨懍然的人，誰能對他存心輕蔑？

富有當然美好，但財富不能代表一切，更不表示人品才學高人一等。所以，多金者絕不可腦滿腸肥、目中無人。相反地，越是富有，越應該親近有道德有學問的人。能禮遇君子，就不會依仗財富，儘作傷天害理的事，也才能抖掉渾身的銅臭味。

菜根人生 18

不肯付出愛心，豈會有人關懷？要先放射才有反射，物理情理其理如一。

凡百事物俱有因果關係，要收穫必先耕種，有所得必是已有所付。如果，對別人從來不肯付出愛心，就別希望有人給予關懷。社會的回饋，未必是直接的對應，但絕對是因果的循環。

研究物理的人，都知道有放射才有反射。其實，人與人的感情交流，何嘗不是如此？所以，不論是物理、情理，其基本道理並無二致。

中國小姐選美活動歌曲的第一句，「美，就是心中有愛」，真是一語道破了美的真諦。凡是富有愛心並懂得如何關懷別人的人，不僅永遠不會寂寞，同時，也最能美化自己的人生。

高手奕棋要多贏，趾高氣揚；低手奕棋想少輸，步步爲營。

低手與高手對奕，會反映出兩種截然不同的心態。

那高段的棋士趾高氣揚，不但要贏，而且還要趕盡殺絕。

相反地，那低段棋士，一開始就抱著少輸爲贏的心理，戰戰兢兢小心應戰。

語云：觀棋不語真君子。但也不妨猜猜看，這盤棋究竟誰是贏家？

有才不怕埋沒，終有進身之日；
無才强自出頭，何異揠苗助長。

一個人時不我予，壯志未酬，不應怨天尤人，就此消沉。想想看，本即深埋地下的黃金、鑽石，還有出頭之日。人是生長在地上，怎可擔心會被「埋沒」？

問題就在於本身是否具有真才實學。如果答案是肯定的，就必有被賞識拔擢的一天。相反地，如果本身學疏才淺而硬要出頭，即使機運好，受人禮遇且僥倖進身，那也無異揠苗助長。欣欣向榮只是曇花一現，絕對無法好花常開、美景常在。

緊睜眼慢說話，少遺憾；多流汗少貪嘴，鮮生病。

在勾心鬥角的社會中，雖無必要處處設防，但應事事小心謹慎。無論對人對事，都要睜大眼睛看個真切。在認清對象，有了正確判斷之前，絕不猴急地發表意見，表示態度。能有這樣的涵養，就很少會有遺憾發生了。

在日常生活中，要多做勞動服務或健身活動，不好逸惡勞、貪圖口福，就會減少生病的機會。須知健康可益壽、無病即是福。少貪嘴、多流汗，看似無關宏旨，其實大有益處。

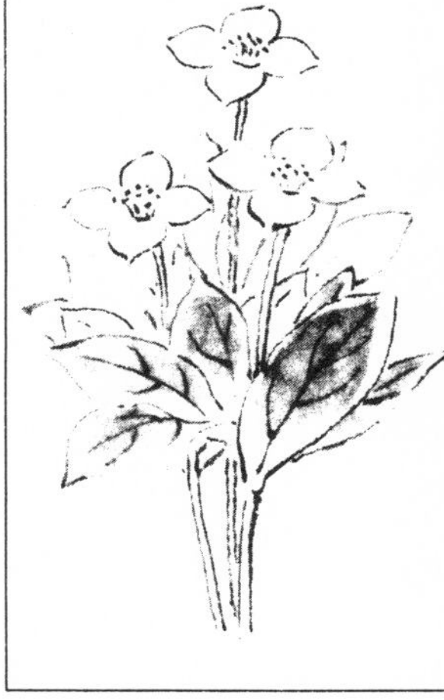

無心之過，曲諒三分不謂寬；有心之錯，罪加一等猶算輕。

人非聖賢孰能無過?過，分有心與無心，對於無心犯錯而偶有過失的人，除非觸犯刑章，即使多原諒幾分，也不致失之過寬。因爲，他只是行爲上小有偏差，並非心理上已有沉疴。所以，寬諒適足啓發向善，應無姑息養奸之虞。

有心犯錯，不僅動機不純，而且極可能已有犯錯的習慣。對於這種人，應該從嚴管教。如屬屢犯不改，加倍處罰，尚恐不足以拔除他的劣根性。苟再一味寬假而養癰爲患，是則濫施愛心，對其個人無益，更非社會之福。

常記得力之屬；休寵無用之子。

做爲一個成功的事業家，就必須禮賢下士、求才若渴。如果自己的兒子是「阿斗」，乾脆要他靠邊站。

看「三國演義」的人都有同感：劉備之所以能「三分天下有其一」，不是他人望超過劉表，更不是武功勝過呂布，而是他知人善任並能肝膽相照。

私心人皆有之，但與其寵縱無用之子，不如常念得力之屬。後者雖無血統之親，卻能報効知遇之恩。古人說：士爲知己者死。可見，有才學的人，是多麼看重「老闆」的賞識和禮遇啊！

沒有曲線的女子不美；不走曲線的男人可貴。

三圍不標準，縱有姣好的面貌，也不能算是美女。所以，曲線用在女人身上，即使誇張一點也不爲過。

男人的身材不重曲線，如果男人跟女人一樣曲線玲瓏，反會被人譏爲人妖。

在做人方面，堂堂正正，光明磊落才是男子漢大丈夫。換句話說，不鑽營、不投機、不行旁門左道，也就是心地光明的男人，才是有爲有守的男人。

所謂「不走曲線」，是指心術而言。若有通權達變的行事風格，那是方法。做事懂得通權達變、迂迴前進，倒可稱之爲曲線藝術。

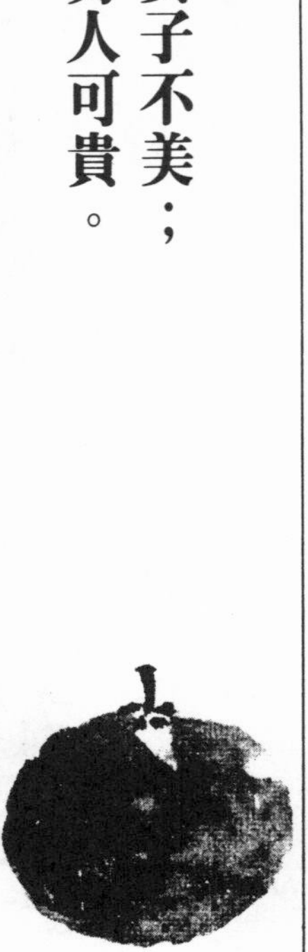

砂輪越磨越平；腦汁越榨越精。

那打磨機器的砂輪，運轉久了就會平滑失效。然而，人的腦子卻是越用越靈光。

寫文章的人，慣以「榨腦汁」自嘲。其實，「榨腦汁」雖然很辛苦，但那「腦汁」卻是越榨越精。從來不曾聽說常常用腦的人，會比不常用腦的人爲笨。古之騷人墨客每有「江郎才盡」之歎，但那只是文思一時受困，並非腦力已經退化。換言之，就是詩境難以突破或是故事已經寫窮了。無論如何不能說是「腦汁」起了變化。因此，「惜腦」的人，絕不可以此作爲偷懶的藉口。

小事觀人品；大事看才器。

有些人，小事聰明大事糊塗；有些人，小事糊塗大事聰明。

小事聰明的人往往目光如豆，只會在小利小害上銖兩必較，面對大利大害，就會昏頭轉向，不知取捨，無所適從。相反地，那小事糊塗的人，倒可能是深藏不露、大智如愚。這樣的人，雖然不拘小節，但卻胸懷大志、眼光如炬。所謂棟樑之材，非一般小材小料可比。

用人之道，要從素行中觀察其人品；從職務上的運籌擘畫，衡量其才識和發展潛力。必如此，方不致小才濫竽充數，大才反被忽視、埋沒。

兵貴神速，兵不厭詐。商貴創新，商重信譽。

古今用兵，貴在出其不意、攻其無備。所以，以純粹的軍事觀點而言，兵貴神速，兵不厭詐，只要能夠戰勝敵人，儘可不擇手段。

有人說：商場如戰場。商場上的競爭，爾虞我詐、各出奇招，其激烈程度，的確可以戰場作譬。然而，行銷畢竟不同於殺敵。商業目的在盈利，要賺取利潤，就必須爭取顧客。攻則創新促銷策略，開拓廣大市場；守則改進品管，提高產能。因此，爲商之道貴乎創新，更要重視商譽，才能提高市場佔有率，戰勝競爭對手。

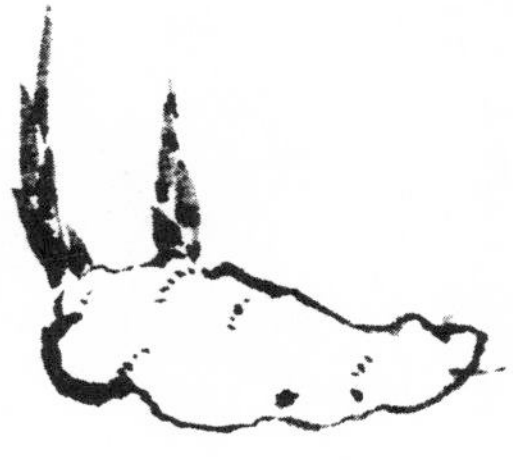

孤獨的小樹吹不倒；攀附的籐葛難自保。

一棵孤獨的小樹，迎風搖晃，看起來是那麼柔弱無助。但由於它無依無靠，就努力向下紮根。所以，儘管風強雨勁，卻無法將它吹倒。

那攀附在大樹上的籐葛，依恃大樹的呵護，自信能與大樹永遠共存共榮。所以，無憂無懼、快樂無比。不料，有一天大樹被移走了，而那籐葛也被腰斬。殘餘的枝幹，只有軟軟地趴在地上任人踐踏蹂躪。這個時候，再看看那孤獨的小樹，益發顯得英挺可敬。

謙沖鮮招妬，忍讓少樹敵；禮多人不怪，幽默人人愛。

不論是在商場、政壇或是杏壇得志的人，都要處處謙沖爲懷。絕不可志得意滿、趾高氣揚。否則，事事被人掣肘，處處感受抵制，那就很難施展抱負了。

有人說：忍讓如同退卻，只會鼓勵對手更形囂張。其實，忍讓不是姑息，也不是怯懦。反之，忍讓可以少樹敵，也可化敵爲友。凡是擇善固執、堅持原則的人，都深信小事忍讓，大事才能堅持；私利忍讓，公益才易推動。

禮有禮節、禮貌之分。前者講規矩，後者重態度。日常非正式的社交接觸，皆以禮貌行之。親切而週到的禮貌，不但無人非議，反而是改善人際關係的最佳利器。此外，中國人不大長於幽默。一個人想在任何場所爭取友誼，最有效的策略，就是培養出乎自然的幽默感。

不入邪地，不生邪病；不聽邪言，不生邪念。

不涉足不正當的公共場所，就不致染上不可告人的病痛；不聽信妖言邪說，就不會產生歪邪的念頭。

邪病傷身，不諱疾忌醫當有救藥。邪念敗德，縱能知悔，但人品的污點，絕非一朝一日所能消除。如因一念之差，大錯鑄成，則更將噬臍不及而遺恨終身！

人富不違仁厚，必能澤被子孫。

人在富貴中，待人要仁慈寬厚。常常幫助境遇不好的人；多多造福社會大衆。即使未能立即得到社會的回饋，子孫後代仍將享受德澤、餘蔭。儘管很多人爲善不欲人知，然而，種善因總是希望有善果。富而仁厚，澤被子孫，這善有善報的因果關係，不是一點就破了嗎？

縱女如縱虎；溺子如殺子。

不論時代如何演變，打仗是男人的事，生孩子是女人的事，這就如同公雞「司晨」，永遠不會改變。

語云：女大不中留，女兒養大了，總是要嫁人的。淑女嫁作人婦，必是賢妻良母。假若有女不教，反而過分寵縱，在家不是乖女兒，出嫁之後，更會使夫家兩代受害。所謂「縱女如縱虎」，洵非過甚其詞。

國人一向重男輕女，所謂「有子萬事足」，正是天下父母心的共同寫照。然而，愛子就要善加教導，使成有用之才。如一味溺愛，就會使其恃寵而驕，不知天高地厚，及至劣根養成，性行乖張，輕則敗家，重則禍國，最後的結局就是自取毀滅。所以，「溺子如殺子」古有明訓，爲人父母者豈可不知警惕！

菜根人生 33

能擔當，是可塑之材。
能容物，具君子之格。
能識機，勝算在握。
能撇脫，延年益壽。

做事認真，勇於負責，就是值得造就的好人才；胸襟豁達，有接納異議或批評的雅量，就稱得上是君子了。

能夠洞燭機先，就有成功的把握；凡事能夠撇脫不必要的煩惱，就會健康快樂。

玉要琢磨才成器；人須造就方成才。

玉爲珍石，但璞玉並不瑰麗，亦無實用價值。

玉之所以受人喜愛，還是在琢磨成器之後。璞玉琢磨成普通飾物、容器已屬可貴。若經彫琢成巧奪天工的藝術品，那就更加身價百倍，爲中外藝術愛好者所競相收藏。

人的資稟不一，有人聰慧，有人愚魯。但即使天賦異稟，也非經造就，不能成爲人才。這就像璞玉必經琢磨才能成爲精品，是同樣的道理。

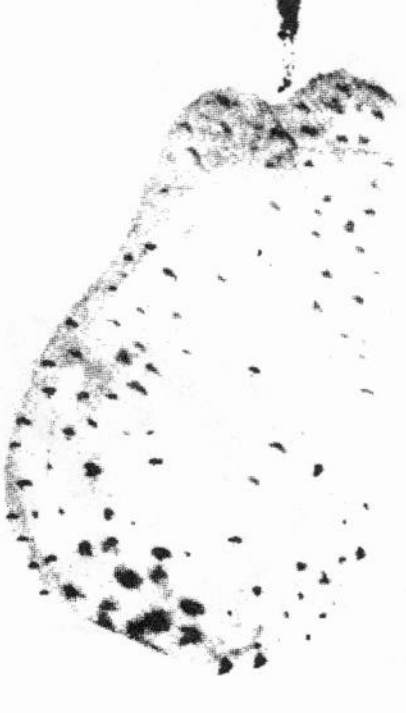

菜根人生 35

蝨多不癢，債多不煩；玉多不珍，福多不惜。

蝨子咬人只癢不痛。據說，身上如果生了太多蝨子，反而不會癢得心煩。原因是癢得太平均，皮膚的反應也就不怎麼敏感了。

欠債的人，如同身上生蝨的人一樣，債務越多越不在乎，反正心煩也無濟於事。於是，心理上就會產生一種聽其自然的麻木感。

常言道「物以稀爲貴」，引伸到其他方面也是如此。寶物多了不會覺得珍貴；福分多了，也會忘記好日子得來不易。假如，人在福中不知福，福就會漸行漸遠，身在幸福快樂的人能不知所警惕？

金錢萬能，役之在人；道德無敵，存養在心。

語云：有錢能使鬼推磨。這是金錢萬能的最佳註腳。事實上，金錢是否具有絕對的魔力，是個值得懷疑的問題。但在拜金主義的社會中，無可否認地，金錢的確是人見人愛的「髒東西」。說它髒，是因爲它帶菌最多。而它的魅力，並不因之稍減。不過，儘管錢能「通靈」，主宰它的還是人。所以，金錢的爲善爲惡，只有役使它的人，能爲它做最好的價值判斷。

道德是個抽象的東西，不像金錢那麼「實在」。一般人都歡迎別人講道德，而自己卻不一定奉行。但無論如何，道德力量在文明社會中，有其不可輕侮的力量。如果道德觀念破產，法治將無用武之地。反之，只要道德觀念深植人心，又有什麼力量，能夠摧毀這個安和樂利的社會？

即知即行是英才，不知而行是庸才。知而不行是蠢才，不知不行不成才。

理論搞通了，立即去實踐，是屬於傑出型的人才。不能迅速進入狀況，卻肯摸索前進，是屬於庸碌型的人才。自命萬事通，但卻光說不練，是屬於愚蠢型的人才。既是懵懵懂懂，又沒有絲毫進取心，那就根本不是人才。

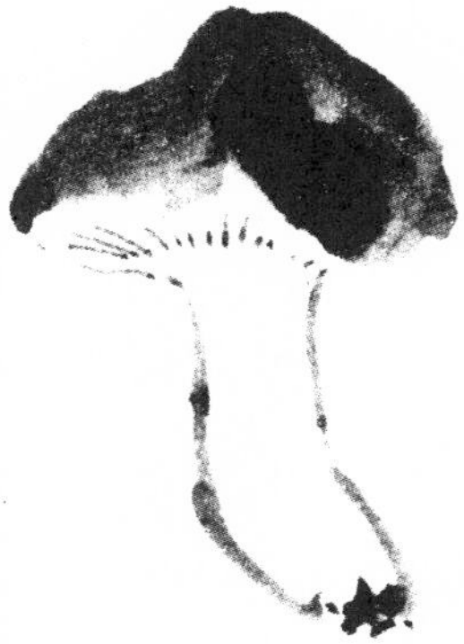

自省而後會自覺，自覺而後有自信，自信而後可自強，自強而後能自立。

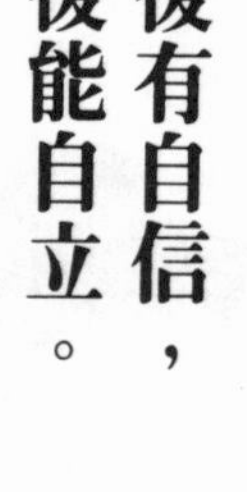

曾子曰必三省。工業社會的人，更容易犯錯，所以，自反自省的修養工夫，對每個現代人都很重要。

每天入睡之前，若能定時自我反省一天的言行，必會覺察某些言行的不當。有了這種自覺，就會知所警惕，使日後減少再犯相同的錯誤，從而增加做人處事的自信心。

有了高度的自信，便能勤於任事、勇於負責，最後成功便如探囊取物一般的有把握。

菜根人生 39

沒有掌聲的演出，不會精彩；無人讚美的孩子，不會很乖。

舞台演員，都將觀衆的掌聲，視爲演出效果的試金石。台下掌聲如雷，台上的表演就會特別賣力。如果掌聲疏落無力或者根本聽不到掌聲，任何傑出的演員，都會非常洩氣，以致影響表演的水準。

父母對待子女，也應該常常給予適度而技巧地讚美。使子女自信並不差勁，而且深受父母疼愛。因而，樂於接受父母的教導，以求保持乖孩子的美好形象。反之，從未得到讚美的孩子，很容易自暴自棄。

當然，讚美不是萬靈丹，也不是對每個孩子都有效。不過，對於能夠接受讚美和鼓勵的孩子，卻偏偏愛以嚴峻的態度去管教他們，那實在是很不聰明的作法。

菜根人生 40

女人不美，嬌嗔不靈；男人不正，腰桿不挺。

有人說，女人的嬌嗔，別具魅力。其實，那要看是什麼樣的女人。如果長得不美，就不能以嬌嗔作武器。否則，效果適得其反。

男人，都有著鬚眉丈夫的自負。可是，如果做人不能堂堂正正，腰桿子一定挺不起來。因爲，他心有所愧，所以，沒有正眼看人的勇氣。

買鞋子首重合腳；選對象必先知性。

某君到鞋店選鞋，眼睛一亮，有雙鞋子十分中意。這雙鞋看來手工好、料子好、款式大方、標價也很公道。看情形應該可以包起來了，但事實上，最後還是未能買成。因爲，一經試穿，才發現很不合腳。

選對象宛如選購新鞋。假如一切條件都好，惟獨性格不合，日後的煩惱可就大了。所謂「性格問題」，並非要性格（根性與習性）相同，而是要能「互補」。也就是各有優點，互補所缺。

譬如，一剛一柔就是較好搭配。否則，脾氣一來，互不相讓，能逃過「七年之癢」則大不易矣！

會說，說出快樂來。
會吃，吃出健康來。
會穿，穿出氣質來。
會玩，玩出天份來。

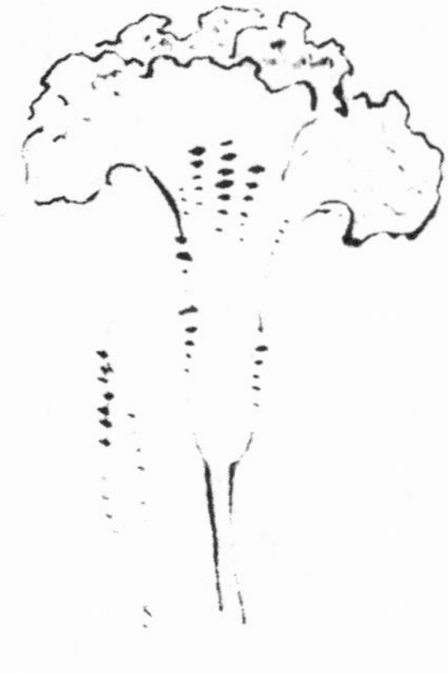

若非啞巴，人人都會說話，但，能說不如會說。會說，就是說話得體，說得動聽，說得令人折服。在各種人際關係中，最懂得說話藝術的人，是聲音悅耳、幽默風趣。只要一開口，就能爲週遭的人放射喜悅，也爲自己回收快樂。

中國菜名不虛傳，中華民族也以好吃著稱，但，中國人並非全都會吃。滿漢全席吃上三天三夜，除了凸顯虛榮心，滿足饕餮之慾外，別無可取。真正會吃，是講求衛生、美味，注重營養均衡，這就會吃得開心，吃出健康來。

穿衣，是習以爲常的事。但，要配合時令，穿著得體，並能襯托出優雅的氣質來，那就大有學問了。

玩樂，人皆好之。科技時代的工業社會，有太多好玩的場合，和可玩的東西。但對一般青少年而言，玩，只是享受消費欲和感官的刺激而已。美國青年麥克佩斯，在中學時代迷上了電腦遊樂器，但他一邊玩，一邊研究改良電腦硬體結構和軟體程式。結果，不到三十歲，就自創品牌，當了老闆。不但圓了發財夢，而且成爲最年輕的企業家。

搭公車，遲了一步巴士開走，只因不爭分秒；過馬路，多搶半步魂歸西天，但怪分秒必爭。

現代都市中人，除了備有私家轎車，能有幾人每天不搭公共汽車？經驗告訴我們，要搭公車，必須人等車，別想車等人。有些人，清晨趕去上班，但往往到了公車招呼站，恰好那班車絕塵而去，所差不過三兩秒鐘，就得再耗上十分鐘以上。這時，不免懊惱自責，爲什麼不早一點出門或是快走幾步？不爭分秒，風吹日曬還是小事，若是誤了打卡，豈不影響考績？

由行人穿越道過馬路，也要嚴守交通規則。不可綠燈未亮或紅燈出現，在汽車夾縫裏强行通過。須知人是血肉之軀，只要和汽車或機車撞個正著，就會非死即傷！

爲什麼有人會在斑馬線上「活見閻王」？十之八九是行人不顧燈號的指示。只因分秒必爭而喪身「市虎」之口，該是多麼不值？

有怎樣的環境，就有怎樣的生態；有怎樣的社會，就有怎樣的文化。

橘樹移植淮河以北就變成枳。五月榴花紅似火，在江南根本看不到，更別說碩大的石榴果，在成熟時像裂開笑嘴，露出貝齒般的果粒，令人垂涎欲滴。

南台灣，隨處可見掛著球果的椰子樹，採下椰果，既可喝汁又可吃肉。但若越過嘉義北回歸線，所有的各類椰子樹，都只具觀賞價值而已。同樣適合某地的花木，在日照、氣壓、溫差、濕度的些微差異下，其適應力亦有明顯的差異。爲什麼陽明山的杜鵑，花季來得特別早。爲什麼台中的鳳凰木，開花的季節特別艷麗？一言以蔽之，水土、氣候等自然條件使然。

一個充斥物慾和功利至上的社會，只見酒色財氣，鮮有書香禮義。大家熱中資源、權力的分配，仁義道德相形之下，就顯得抽象、空洞與曲高和寡。這樣的社會顯然是生病了，所以，廟堂之上有所謂「肢體語言」，民間社區也出現「鐵窗文化」。不過，這樣的社會，還會經過反省而轉移風氣、恢復健康。在否定民主、箝制自由、特權橫行、草菅人命的共產社會，其文化特質，不僅是貧窮落後，而且是矛盾、鬥爭不斷惡性循環。那種社會的文化是典型的悲情文化。

萬事萬物皆在變，動即變靜亦有變。預變可制變，順變制於變。

宇宙、人間，萬事萬物無時無刻不在變動之中。動，是變的表徵；靜，也有變的內涵。譬如說，一個人由少到老、由老到死，以及有時健康，有時生病，這其中都有「變」的因果關係。

大自然的風化遺跡和蠹腐蟲蛀的所在，常有「變」的跡象或徵兆。至於反映在社會經濟層面，蕭條之後有景氣；繁榮過度又衰退。每次更迭，無一不是「變」的循環。「變」既是與世長存、與生俱來，在人生逆旅中，就必須隨時隨地注意「變」的常異，伺應「變」的衝擊。然後，剛健柔韌，以變制「變」。否則，視異爲常，逆來順受，人生絕難立於不敗之地。

菜根人生 46

魚見餌而不見鈎，死於無知；人見利而不見害，失之太貪。

魚見到餌張口就吞，根本不知道還有什麼危險。因爲，牠只能直覺地意識到餌的美味，卻看不到餌中還藏有可怕的利鈎。所以，魚兒上鈎，是死於無知；死得糊裏糊塗。

人見到有利可圖，也會跟魚兒一樣見獵心喜。但人類既然自詡爲萬物之靈，當然不會每件事都只見其利不見其害。而是利令智昏，得隴望蜀，非要嘗到失敗的苦果，絕不中途罷休。所以，人的失敗，往往是由於貪得無饜，既不足取，也不值得同情。

菜根人生 47

有所爲，有所不爲，概本乎原則。有所取，有所不取，必合乎義理。

大丈夫爲人處事，必然有爲有守。該做的事；就勇往直前、當仁不讓；不該做的事，絕不唐突冒失、輕舉妄動。總之，不管是有所爲有所不爲，一概本乎擇善固執的基本原則。

君子對於義利之辨，一向極爲嚴謹。凡是應享的權利或應得的酬庸，絕不故示清高、忸怩作態。但對非份的權利或不義的財貨，更會一絲不苟、一介不取。總之，不論是有所取或有所不取，一定要合乎道義和情理。

淑女不挑羅敷之夫；君子不戲使君之婦。

純潔善良的女孩子，絕不會眉來眼去的去挑逗一個已有妻室而且家庭幸福的男人。雖然他像「白馬王子」般的英俊；即使他如「羅密歐」般的熱情。一般青春少女，只要稍一接觸，就有爆出愛情火花的危險。但她總能保持安全距離，不使自己陷入情感的泥淖。

具有道德觀念的男孩子，絕不會調戲一個名花有主或婚姻美滿的女人。即使她是「現代西施」，儘管她像「夢裏嫦娥」，只歎相見恨晚、今世無緣。縱在暗室相處，亦能發乎情止乎禮。理智告訴他，「色字頭上一把刀」，欺人之妻、奪人之愛，既不能心安理得，說不定還會招來殺身之禍！

狼因飢餓才傷人；人為嫉妒也相殘！

狼之被人厭惡畏懼猶過於虎豹。因爲，狼性狡猾而殘忍。以狼性形容人心險惡的成語中，諸如「狼子野心」、「狼心狗肺」、「狼狽爲奸」、「狼貪虎視」……，可謂「林狼」滿目，不勝枚舉。但，事實上，人怕狼恨狼，狼卻並非見人就傷，只有在飢餓難當的時候，才會對人主動攻擊。

人，不論是什麼人，除非精神失常、心理變態，絕不會自認具有獸性，更不會以「狼心」自況。但，人心確有「獸性」的一面，甚至比獸中之狼還不如。有心人如果注意到，人爲嫉妬也會傷害別人時，怎能不爲人心那醜惡的一面深感悲哀？

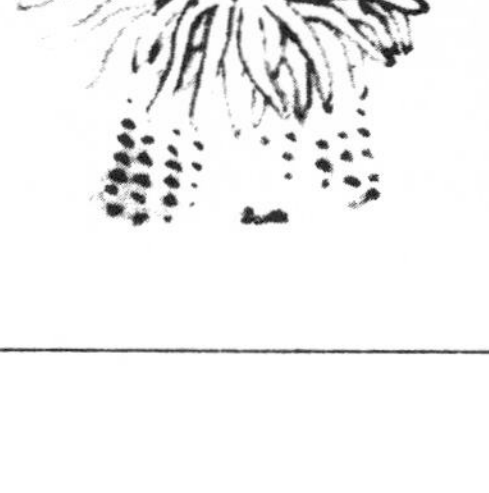

菜根人生 50

閒談莫說洩氣話，永保幹勁。靜坐常思愉快事，自然樂觀。

人須心物兩方面求得平衡，才能使身心保持正常狀態。如果只能擁有充分物質條件，而無法緩和精神上的強大壓力，就很容易變成洩了氣的皮球。

對抗精神壓力的驗方有二：消極上，閒談莫説洩氣話。須知，自怨自艾固然於事無補；牢騷、怨尤也徒然灰心喪志。積極上，在靜坐小憩的時候，要儘量想些值得安慰和高興的事，不讓情緒陷於低潮，就能保持樂觀。樂觀是信心的泉源，信心是幹勁的原動力，有幹勁就不愁一事無成。

菜根人生 51

日日埋首牌桌，牌藝必精；
只是你贏我贏，最後都窮。
日日鑽研實學，仍難盡通；
只要鍥而不捨，何患無成？

一有時間就把精力耗在牌桌上，久而久之，必能摸清打牌的竅門。只是昨天你贏我，今天我贏你，到頭來誰是贏家，全都糊塗起來了。有人辯解說：「衛生麻將嘛，不論輸贏，消遣罷了。」這是說，打小牌不致傾家蕩產。但是，虛耗了寶貴的時光和精力，還是得不償失。若再賠上健康，等於輸掉老本兒，豈是一個「窮」字了得？

天天把精神用於研究實用科學或實踐哲學，雖窮年累月，也未必有所精進，可是，只要鍥而不捨，就不愁沒有滿意的結果，而且，包贏不輸！

菜根人生　52

對賢能者服之以德。
對乖張者馭之以術。
對樸拙者賦之以專。
對頑劣者去之以方。

對待品學兼優的人才，要多禮遇器重，使其心悅誠服。
對付狡滑傲慢的部屬，不妨運用權術，使其知所收斂。
對待樸拙實幹的部屬，最好賦以專精的職務，以發揮所長。
對付頑劣不馴的壞蛋，可採取迂迴手段，使其主動求去。

剛烈者性如錐，遇阻則穿，不穿即折；柔韌者性似水，遇阻則曲，曲極而伸。

過於剛強直率的人，遇事總愛直來直往的解決。本來可以保持一點彈性的舉措或爭執，也絕不預留轉圜的餘地。這就像鋼質的針錐，遇到阻力不是將其刺穿，就是本身折斷。這種性格，處順境銳不可當；處逆境可就苦頭大了。

能屈能伸的人，處事圓融頭腦冷靜。他講求目標原則，但在過程絕不橫衝直闖。他老謀深算，外柔內剛，因而能當屈則屈、當伸則伸。這就像那柔性的水，遇到阻力就會曲折迴旋、因勢蓄力。及至情勢扭轉，就會發揮無比的力量，突破阻力、一瀉千里！

多經一事，多增一智；多習一藝，多長一技。

百聞不如一見，百見不如一試。經驗雖然不能取代知識，但卻能增長智能。不論是利他的事或利己的事；不論是成功的經驗或是失敗的經驗，只要多經歷一件事，必能多增加一分聰明見識。

今日社會，非多才多藝不能充分適應。美國有一項研究報告說，現代美國的文盲，佔率極爲驚人。原來有些高中程度的青年，也被列入文盲之列。因爲，他們缺乏適應現代生活的技能。譬如說，有的人連簡易的家電用具，也不懂得如何操作和保養。這樣的人，就是現代文盲。

準此認識，時代愈進步，人們需要學習的東西愈多。多會一樣技藝，就多增加一項實用的本能，這對適應現代生活是非常有益的。

讚美別人，跡近阿諛，使人臉紅；
規勸別人，行之私室，令人感激。

讚美也是一種藝術。不露痕跡的讚美，能使人飄飄然猶不自覺。拙劣的讚美，無疑是「拍馬屁」的手法，不但會使人臉紅，說不定還會被對方反過來羞辱一頓。果如此，即所謂拍馬屁拍到馬脚上去了。

規勸別人，原是一番好意。若能避免第三者在場，對方不但樂於接受，還可能由衷地表示感激。否則，傷害了對方的自尊，很容易惹來反脣相譏。這就是俗語所說的：好心沒好報。

聖傑死後留名，自私得可愛；凡夫死去留產，癡傻得可憐。

人，生而自私。語云：人不自私天誅地滅。這話的本意是說，自私是人的本性，何必睜著眼睛說瞎話？

不過，自私必須界定其範圍。如侵犯了別人的利益，那就不爲道德、法律所容。

聖賢以傳道解惑、著書立說，以遂其流芳百世的私心；英雄豪傑以保社稷、平亂世，而遂其名留青史的私心。他們這樣的自私，實在可敬可佩。

有些庸俗平凡的人，既不能著書立說，也未能立功報國。他們把所有的希望都寄託在下一代。因此，把省吃儉用所累積的財富，全部遺留給後代子孫，讓他們不勞而獲、坐享其成。這種甘爲子孫奴隸、牛馬的作法，實在愚不可及。

菜根人生　57

鳥爲食亡，憐之在飢；
人爲財死，歎之在貪。

鳥爲覓食，往往誤觸獵網而慘遭捕殺。凡是富有同情心的人，都會爲那鳥兒因飢餓而投入死亡的陷阱，感到不平和憐恤。

人爲貪財，往往誤蹈法網而身敗名裂。有心人更不免搖頭歎息：爲了非份之財而身繫囹圄，甚至賠上性命，值得嗎？

寧被人嫉妬，莫被人可憐；寧被人說怪，莫被人說壞。

人是社會的動物，任誰脫離社會，都無法正常生活。因此，每個人都很重視人際關係的維繫與發展。

然而，凡是略具風骨的人，處世做人向有原則，絕不會過分在意別人對自己的感情。如果要他有所選擇，他寧願被人嫉妬，也不願被人可憐。因爲只有强者才會招妬，喜歡被人同情可憐的人，必是弱者。不過，他對別人的批評，倒是相當敏感，那就是寧被別人說怪，不願被人說壞。因爲說「怪」，充其量是批評他具有特立獨行的性格。若是說「壞」，那就涉及人格尊嚴了。他必須冷靜反省，究竟是做錯了事，還是被人誤解？

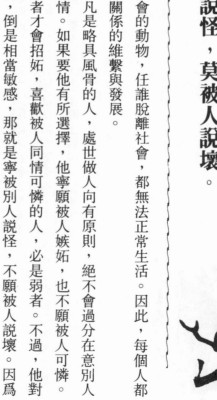

今日事今日畢，不留煩惱；明日錢明日用，不致鬧窮。

今天的事，要今天把它做完，不要把今天應辦的事留給明天。因爲，明天還有明天的事。今天想多輕鬆一點，明天就會因爲工作急迫而承受過多的壓力。

用錢也是一門學問，善於用錢的人，不是當用的不用，而是該什麼時候用的錢，就什麼時候用。譬如日常開支，明天的預算，能留著明天支配，就永遠不會爲錢所苦。或許有人會說：「這有什麼難？」不錯，本來「明日錢，明日用」並不困難。然而，問題是，爲什麼很多人就是做不到？

一根筷子挑菜不起，兩根筷子三餐如意；半打筷子折它不斷，整把筷子可撐磐石。

中國人自古就用筷子進餐。可是一根筷子無法挑菜入口，兩根筷子合作無間，就能得心應手地解決三餐。

再從另一個角度來看，一兩根筷子是很脆弱的，若是半打筷子合攏起來，就不那麼容易將其折斷。至於整把（一打）的筷子，其力量可就更大了，連那巨大的岩塊，想必也能支撐得住。

語云：團結就是力量。唯有意志集中、力量集中，才能成大事立大功。

多說不如多做；多做不如好做。

語云：坐而言不如起而行。北方民間也有一句諷世的諺語：天橋的把式光說不練。可見世人無不鄙夷只尚空談而不重實踐的人。所以，要矯正時弊，就得強調少說多做。而這少說多做，其真正的涵意，就是即思即行，即說即做的意思。

做，固然比不做好，而多做更比少做好。然而，如果只是自顧自地去做，毫不講求實際成效，那又無異盲人騎瞎馬——亂闖。換句話說，不講效率，不重效果的做法，不僅徒勞無功，而且無異浪費人力、財力。所以，能即說即做並兼顧效率、效果，才是進取的辦事原則。

樹大招風，務求根深柢固；權重招妬，切莫授人以柄。

樹愈高大，承受風的壓力愈大。如果在成長茁壯中，不能同時向下紮根。一旦狂風來襲，不是傾斜歪倒，就是連根拔起。

人在事業上爬得太快，企業在順境中盲目擴張，都會有同樣的風險，不可不慎。

掌握實權的人，難免會開罪於人。凡是妬恨他的人，都會處心積慮地找機會對付他。假如他處事不夠穩健，就會授人以隙，予人以可乘之機；假如他不能永遠潔身自愛，就等於授人以柄，讓敵人抓著自己奉送的棒子來打擊自己。試想，幫助敵人打擊自己，該是何等諷刺？

登高應知畏危；臨淵勿欺水淺。

人的名位越高，越要戒慎恐懼，知所畏危。因爲人在高峯眼界雖廣，脚下的情況卻往往不易看清。

語云：一口水能嗆死人。人到小河塘，不可欺它水淺。如果因水淺而漫不經心，仍有失足陷溺的可能。

引申言之，人生處於平淡的際遇中，也不可以漠視周遭的環境。語云：龍困淺灘被蝦欺。可見此一時也，彼一時也，惟能適應環境者方爲俊傑。

待人寬厚，自己寬慰；樂於助人，必有人助。

待人寬厚，不僅使人深感溫暖，自己也能感到十分寬慰。子曰：君子坦蕩蕩，小人常戚戚。君子待人寬厚，所以心胸坦坦蕩蕩，從不擔心人際關係不好；小人待人苛刻，所以常因得不到別人的諒解而終日戚苦不堪。

助人，是一種美德，也能得到快樂。所以，真心幫助別人的人，大多不會計較人家會不會知恩圖報。然而，人生在世，不可能終生常處順境。現在有能力幫助別人的人，說不定有一天也會遭遇急難而亟需別人的幫助。這時，原先受恩的人，不一定有能力及時回報，也可能早已失去連繫。但總會有人因感佩其德行而及時伸出援手，義助一臂之力。諺語所謂：好心必有好報。縱非直接關係，倒也不出因果效應。

雅樂奏與知音聽；不是知音枉撥弦。

優雅的樂章，應該演奏給知音的人欣賞，若非面對知音的人，就不要為他撥弄琴弦。否則，無異對牛彈琴，枉費了一番美意。

真心話，只能對知己的朋友訴說。不是知己的朋友，你的苦衷他不見得同情；你的心聲，也難引起他的迴響。那麼，你的傾訴，豈不是毫無意義了嗎？

男人得志，愼防樹大招風；女人失態，當心惹火燒身。

一個男人一旦得志，必然會使周遭的人感受壓力。因此，招妬、樹敵在所不免。必須要有樹大招風的警惕，才不致被人孤立或遭人算計。

一個女人行爲不檢、態度浪漫，就很容易招人輕視和羞辱。如果碰上了登徒子，那就很難擺脫見獵心喜的糾纏。所以，女人一時失態，最好及時警惕，知所收斂，才不致惹火燒身。

十目所視、十手所指不足驚，
但求問心無愧；
一心向惡、一意孤行最堪憂，
只因自掘墳穴。

一個人遭到別人誤解，雖「十目所視、十手所指」，也不必驚慌失措。只要問心無愧，是非終會澄清。

如果是有心之過，所謂「一心向惡、一意孤行」，那才是最大的悲哀。試問一個人自掘墳穴，一味尋死，別人又怎麼能救得了他？

一分物慾，三分煩惱。物質享受愈高，精神眞空愈大。

世上有誰不愛醇酒美食？又有誰不愛錦衣華屋？但，一個人若是過分追求物質享受，就會爲自己帶來無窮的後患。而且，一分物慾就能產生三分煩惱。因爲，在物慾的樂譜上沒有休止符。滿足了這項物慾，那項物慾接踵而來；低級物慾剛剛滿足，高級物慾又油然而生。

由於物慾與煩惱不斷地惡性循環，所以，物質享受愈高，精神真空愈大。人已變成了物慾的奴隸，試想還有什麼人生樂趣可言？更可怕的是，在物慾的蠱惑下，很可能會迷失方向而步入歧途，最後結局便是自我毀滅！

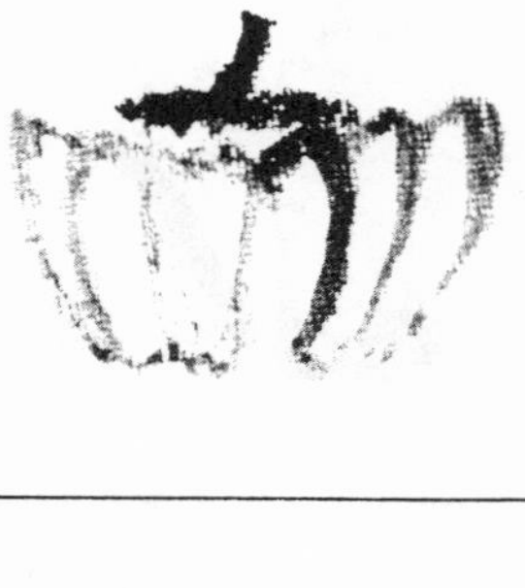

菜根人生 69

五個指頭長短不齊，
互相合作開天闢地；
五個兄弟意志分歧，
自家不和外人必欺。

長在我們手掌上的五個指頭，有長有短很不整齊。然而，這五個指頭，一向互相默契、合作無間。所以，無論做什麼事，總能得心應手，無往不利。

以此比喻五個兄弟。如果兄弟團結合作，互相照顧，就能興業發家。否則，彼此猜忌，互不相容，不但無法發揮整體的力量，還很可能招致外來的欺侮。

前人種樹，後人乘涼；我不爲人，人孰爲我？

前輩的人樂於種樹，後輩的人才能乘涼。如果前人沒有犧牲奉獻的精神，後人就享受不到任何福祉。

人皆生而自私，不過私心擴而充之就能兼及公益。假如人人不爲別人著想，又有誰肯爲我們著想。

茲仍以種樹爲譬。如果前輩的人，因爲不能及身乘涼而不肯種樹，那麼後輩的人，也會同樣地不願種樹。反過來說，正因爲前人肯爲後人種樹，所以，他才有資格在先人所種的樹下乘涼。縱的因果如此，橫的交饋也是如此。

人類本來就具有互助奉獻的美德，但這種美德必須代代發揚光大，人間才能保有光和熱；社會才能充滿溫馨。

大富大貧。小富小貧。不富不貧。

大富的人，事業多，投資多，內外開支浩繁。因此，手面愈闊，頭寸的調度愈頻，錢的煩惱亦愈大。小富的人，事業小，投資小，內外開支也小。因此，手面較窄，手筆較小，錢的煩惱亦較小。不富的人，就是小康之家。只小康情況的人家，一向量入爲出，衣食足還能小有儲蓄。因此，鮮有借貸，從來不會爲錢煩惱。

或曰：暴發戶或街頭遊民，還有正處貧病熬煎的受難戶作何解釋？是的，前者是社會的慷慨，良心的永久負債，精神上一片空白，富是實象，窮是實質。遊民是行屍走肉，在意識上他擁有整個社會。至於後者，是社會的責任，當一個國家進入福利社會後就不存在。總之，此三者皆非「常人」，不在本文主題之內。

泰山不拒沙塵，有容乃大；渤海廣收涓流，卒成汪洋。

泰山是一座巍然矗立的名山，但即使這樣的大山，對那一撮塵土、一粒沙，也不會峻拒不納。其實，正因爲它有包容沙塵的雅量，才能形成巍峨聳立的大山。

渤海，是有名的大海，但它的烟波浩瀚，是出於廣收無數小川小河的水流，才能匯成一望無際的汪洋大海。

國家的强大，有賴於國民的向心和團結，越是基層社會，比重愈大，越發不能忽視；社會的財富，是全民勤儉的成果。雖然多數是薪水階級和勞動大衆，然而，没有他們，社會就毫無生氣，財富也無由創造。所以，他們個別的成就微不足道，整體的貢獻却是無比厚實的。

好人發狠，兇在面上；
奸人發狠，毒在心窩。

心地善良的人，氣上心頭也會發狠。但他情緒激動，外表很兇，內心裏却沒有半點整人的意思。

那邪惡陰險的人，可就完全不同了。他對人不諒，就會毫不留情地報復。但表面上却仍然庸庸大度，一臉僞善。等到對方毫無戒心的時候，他就暗中施放冷箭，使對方遭到傷害，還不相信是他幹的。這正是他的可怕處，也是最難看清真面目的狠毒角色！

多做少錯，少做多錯，不做全錯。

公務員有句口頭禪，所謂「多做多錯，少做少錯，不做不錯。」

這段話，或許是公務人員由衷的感慨，也的確是所有爲人部屬者常有的牢騷。姑且不問屬於何者，其洩氣的作用則一，而其感染性也是非常可怕的。如果每位公務員都將這話視爲真理，試想，政府機關一片暮氣，那裏還有效率可言？

其實，多做絕對不會多錯。一位負責盡職的公務員，既不會每做必錯，也不可能十做九錯。即使是十有一錯，也是不可思議的事。相反的，該做的事，由於一味推、拖、敷衍，結果大都失去時效，豈非少做多錯？假如，應該計畫辦理的許多專案，由於怕負責任而一律束諸高閣。試問，這種顢頇的工作態度，是否大錯、特錯，由心態到行爲全都錯了。

見財不起意，不易；
起意能不昧，可免招災。
見色不動心，不信；
動心能忍性，無傷大雅。

面對意外之財而不動心，一般都不易做到。但心意起動時，就能警惕自己，莫貪非份之財，就可避免諸如侵佔罪之類的麻煩。

美色當前而無動於衷，誰都不會相信。但若只是想入非非，沒有越軌的實際行動，就不致自毀君子形象。

有子勤儉刻苦，家徒四壁不窮；有子揮金如土，家財萬貫不富。

一個貧苦人家，家中窮得空無一物。假若能養育出克勤克儉、苦幹實幹的兒子，這個家庭雖然現在很苦，未來却充滿了無窮的希望。

相對地，另外一個富足人家，家財萬貫，富甲一方，却有個吃喝嫖賭、揮金如土的兒子。這個家庭，表面上如日中天般的富有昌盛，實際上已經隱約可見傾家蕩產的敗象。

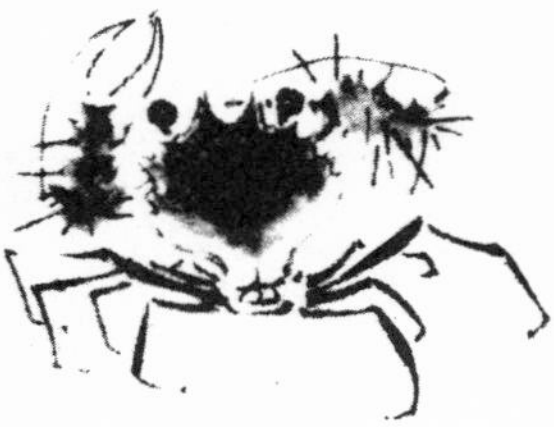

多寡，不能代表貴賤；勝負，不能決定是非。

多，是量的概念，寡，是少的涵義。量多有時是可取的，但有時又不足珍惜。一般而言，人才愈多愈善，財富愈多愈好。然而，「穀賤傷農」與「食指浩繁」，都與量多有關，却並非好事。而黃金、鑽石則因量少而「物以稀爲貴」。軍隊練兵在精，所以，戰史上常有以寡勝衆的戰例。而在選戰中，却是誰擁有的選票最多，誰的身價最高。由是可知，多寡不能代表貴賤，其衡量的標準，則在因物、因事之異，而產生不同的價值判斷。

勝，是成功的同義詞。負，是失敗的別名。無論職場、商場或戰場，人人都想勝券在握，無人甘拜下風。即使是君子對奕，勝負也是同其好惡，互不相讓。因此，勝利者錦上添花；失敗者落井下石，人情冷暖，古今一轍。但，勝利不一定光榮，失敗也未必可恥。固然，「勝者王侯敗者

寇」，向被公認爲歷史鐵則。不過，是非正邪却不能以勝負爲社會公義的標竿！所以，富有正義感的人，要勇於主持公道，對光明磊落的失敗者，多多給予同情和鼓勵，使其能有勇氣重新振作，東山再起，與邪惡的勢力周旋到底！

惡人先告狀，不可不防；好人不記仇，勿以爲癡。

賊喊捉賊，目的在轉移目標。惡人先告狀，目的在先發制人。語云：賊咬一口，入木三分。雖然，理論上邪不勝正，法律終會伸張正義、還以清白。然而，即使法官人人都是「包青天」，打官司也絕不是個輕鬆事。在纏訟中，被害人的寃曲尚未昭雪，名譽已先受損，其心理所受的創傷，可能終生難以撫平。

好人與好人，也有利害衝突的時候。不過，與好人發生摩擦，即使爭得面紅耳赤，甚至一時衝動拳脚相加，以致一方飽受挫折、顏面無光，事後也不會永遠懷恨在心、伺機報復。表面看來，那人是癡儍健忘，實際上心地善良的人，在衝動過後，是非曲直常能自反而縮，只要本身問心無愧，便能心胸坦蕩。

菜根人生 79

能守時者必守信；能盡孝者多盡忠。

守時與守信，不一定有著直接關係。然而，凡是有守時習慣的人，大都重視信諾。譬如，一個從不遲到早退的公司職員，對客戶的承諾或朋友的約會，一定會牢記在心，除非身不由己，不致輕易違諾或爽約。

古人求忠臣於孝子之門。大凡事親至孝的人，都有飲水思源、感恩圖報的襟懷。所以，能盡孝者，多爲忠良之士。

爲什麼不說能盡孝者必盡忠？因爲，有的兒女，是爲了祖產，而博取父母的歡心，這豈是真孝？這樣的人又怎能期望他忠心耿耿地爲國家出力呢？

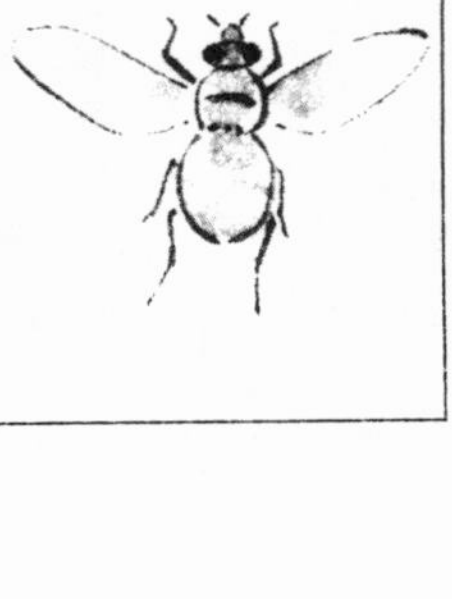

菜根人生 80

虎心如其面，
人面不見心。
入山不懼惡面虎，
涉世須防笑面人。

虎心兇險一如其面，所以，看到老虎可怕的外貌，就會心所畏危而提高警覺。

人的面貌，美醜不一，面善心惡者有之；貌陋心善者尤多。諺語有云：畫虎畫皮難畫骨，知人知面難知心。可見，要從人的面貌長相去判斷人心的善惡，那是極爲不智的。

敢入深山的人，不畏惡虎當道，因爲有備而來，自然不怕危險。倒是年輕人進入社會，碰到貌似忠厚而內藏奸詐的人，往往不知提防而被其利用，甚至誤上「賊船」。所以，涉世不深的人，對人心的險惡，要特別警惕才是。

晨起互道早，久違說聲好。
請字是話頭，謝謝不離口，
常說對不起，誰會對你吼？

清早起來，見人就親切地互道早安。

鄰居親友，多日不見，相遇時誠懇熱情地互相問好。

任何社交接觸，「請」字是話頭，「謝謝」不離口。而那「對不起」三個字，是消除誤會、修補裂痕的萬靈丹，更是吝惜不得。

現代禮節規範廣繁，而社交禮貌亦非僅此數端。但若人人能做到以上五點基本要求，使之生活化、習慣化，整個社會必然一片祥和，而禮義之邦也就名不虛傳了。

紙包火愚不可及，手遮天只是自欺。

紙能包火嗎？當然不能。然而，世人偏有類似以紙包火的謬行，真是愚不可及。

手能遮天嗎？答案是肯定的。但以手遮天，只能遮住自己的視線，絕無可能掩蔽普天之下的眼睛。有人這麼做，除了自欺，還有什麼作用？

人老心不可老；人窮志不可窮。

歲月不饒人。老，不論貧富貴賤，誰都無法避免。然而，儘管人會隨著年齡的增長而失去青春的形貌，卻不應喪失年輕人的活力和鬥志。聖人說：哀莫大於心死。只有意志消沈，信心瓦解，才是人生最大的悲哀。

人皆以貧窮爲恥。窮，常使英雄氣短；窮，也會使親戚朋友疏而遠之。語云：富在深山有遠親，貧居鬧市無人問。嫌貧愛富古今皆然。但正因貧窮是如此可鄙可恥，所以，窮人應該比富人更堅强；窮人要比富人更努力。林肯說：貧困即是鞭策，常使窮人爭先、富人落後。如果人窮志不窮，那麼貧窮又怎能使人永遠抬不起頭來？

菜根人生 84

貧而知恥，不愁發跡；富而驕奢，轉眼落魄。

語云：人貧志短。這是出身寒微者的致命傷。假如貧而「認命」，能轉爲貧而「知恥」，其命運便會完全改觀。所謂知恥近乎勇，勇於發憤圖强，縱然不能飛皇騰達，也必能捨蓬蓽而登衽席。

相反，富有的人，如自恃多金，一味揮霍浪費，不用多久，就會貴賤交替易位，與其說是天道常軌，不如說是意志消長的必然結果。因此，窮人固應知恥奮發，富人尤應勤儉自持。

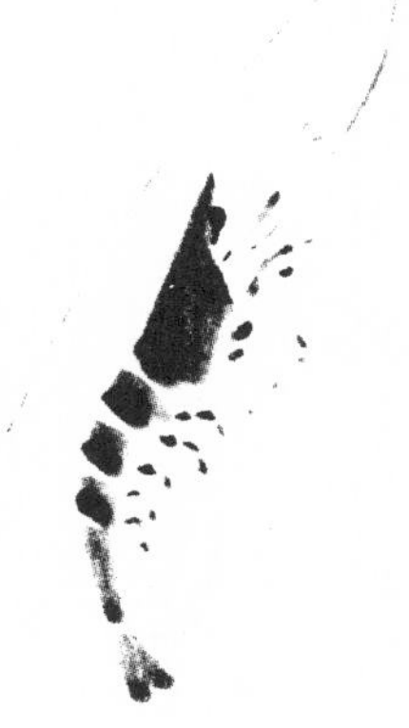

言必有信，行必重義；人不負我，我不負人。

對任何人，都不可信口開河答應人家的請託或要求。一旦有所承諾。就要一言九鼎，絕不食言。

做任何事，特別是攸關良心道德的事，都要慎思明辨而後行。絕不可因利害義而自損人格。做人還有一個基本原則，那就是人家不先對不起自己，自己不可先對不起人家。人先負我，正好摘下他的假面具，看清他的真面目。設若我先負人，就不免永遠受到良心的譴責，那種自懲的滋味，可能比受愚上當還要懊惱得多。

情緒激動勿謁上，情緒低落勿會客；心身疲憊少籌思，心神不寧勿決行。

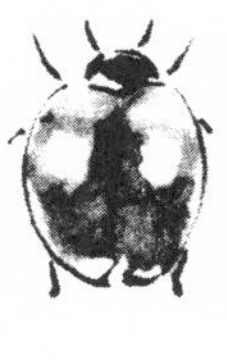

不正常的精神狀態，會產生不平衡的心理情緒；不平衡的心理情緒，會造成言行的失態或脫軌。

因此，當情緒激動時，不要急著求見尊長或上司；當情緒低落時，最好勿約見親友或部屬。對不速之客，不妨技巧地迴避或藉故不克分身，而由家人、秘書接待，約期再晤。

一個人身心疲憊不堪的時候，就應該多休息，少作思考，因爲，這個時候的腦力最是不濟，如果勉强籌思，也不可能產生精確的判斷或有價值的構想。

一個人在心神不寧的時候，要對重大公案作決定（包括批示、判行），不啻是極大的冒險。如果時間允許，還是等心神平復時再作定奪吧！

當面卑躬曲膝，背後大都不忠；人前阿諛逢迎，人後十九不義。

凡是在上司面前，過分恭順、一派奴相的人，背地裏幾乎百分之百的不老實。因爲，這種人狗仗人勢，需要有人爲他「撐腰」。所以，在心態上，迫切需要贏取上司的歡心。

凡是當著別人的面，過分恭維奉承的人，也都是不折不扣地小人嘴臉。這種人，至少十中有九，只爲目的不擇手段。見他一味諂媚，便知必有所求。然而，目的已達，隨即過河拆橋；如果所求不遂，背地裏就會說人壞話。甚至還會做出更不道德的事，以發洩他那莫名其妙的怨憤。

菜根人生 88

擲地之璧安得完好？良友小虧勿輕絕誼。覆地之水何能再收，夫妻小吵勿輕言離。

猛力一擲的璧玉，怎麼還能保持完好？所以，朋友之間小有嫌隙，應本體已之心寬而諒之。若是因小嫌、小愆或偶然的爽約失信，就輕易與人疏遠或絕交。這樣做，就如同把心愛的玉璧摔碎了，再要修補，豈能完好如初？

傾瀉在地上的水，那有辦法再收回來？所以，夫妻因芝麻小事而發生口角，切勿動輒讓「離婚」二字脫口而出。如果，夫妻一方常以離婚做爲威脅，婚姻危機遲早就會變成家庭破碎。那時候，夫妻情份已絕，想要復合談何容易，欲求恩愛如初更不可能。

戶樞不蠹，流水不腐。活潑勤勞，青春永駐。

「戶樞」就是門軸。木質的門軸，由於轉動頻繁，所以，不會爲蠹蟲所蛀。江河的大川或小圳，只要奔流不息，就不致污腐惡臭。（人爲的污染，另當別論。）

同理，一個人如能常保朝氣蓬勃的心境，再培養勤勞好動的習性，就能身心平衡、活力充沛，好像青春永遠留住脚步一樣的美好。

菜根人生 90

賢者多深藏不露；愚者喜賣弄聰明。

有學養的君子，幾乎都有謙沖溫厚的美德。所謂大賢如大愚。平素根本看不出他有多大才學，只有在需要出頭的時候，才會鋒芒畢露。

膚淺無知的人，因爲自卑感很重，惟恐被人輕視，所以，處處賣弄聰明，以求引人矚目。殊不知，越是自我抬舉，越是自貶身價。語云：滿瓶不響，半瓶晃盪。要想不做「半瓶醋」，還是事事虛心，處處請益，才能慢慢地變爲真正聰明的人。

疾風看勁草，板盪識忠奸；窮愁知冷暖，磨難測姻緣。

在强風吹襲之下，不難發現何種草木最爲勁挺。

在國家危難的時候，誰最忠貞，誰是投機分子，就很容易看個真切。

人若處在窮愁潦倒的地步，最易體會人情的冷暖。平素交往很深的朋友，這個時候，也不見得雪裏送炭。

男女間的愛情能否經得起考驗，就看彼此在磨難挫折中，是否仍能信誓旦旦、毫不動搖。

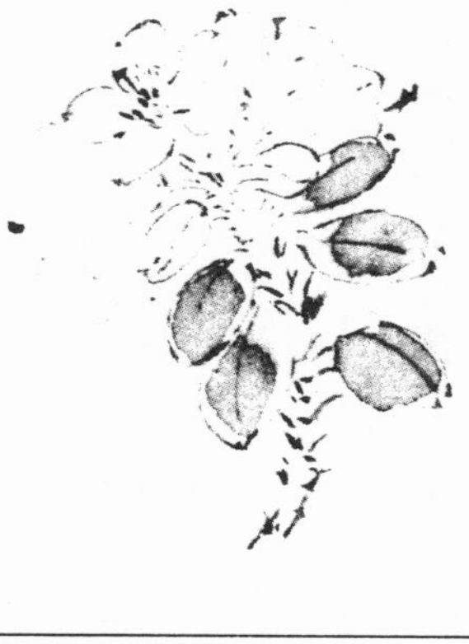

菜根人生 92

只見桑蔴不見輿薪；小處聰明大處糊塗。

很多人目光如豆。小利小害銖兩必較；大利大害視若無睹。這種人，就像只看到地面上散落的桑蔴，却見不到整車的薪柴一般的可笑。

要瞭解一個人是否有作爲，就要冷眼觀察他的心態。凡是在小處特別精明的人，十之八九在大處非常糊塗。

譬如說，某人到商店選購家電用具，和店主討價很有一套，但對貨物的品質、性能以及耗電量等，竟大而化之，這個人就是典型的小聰明大糊塗。

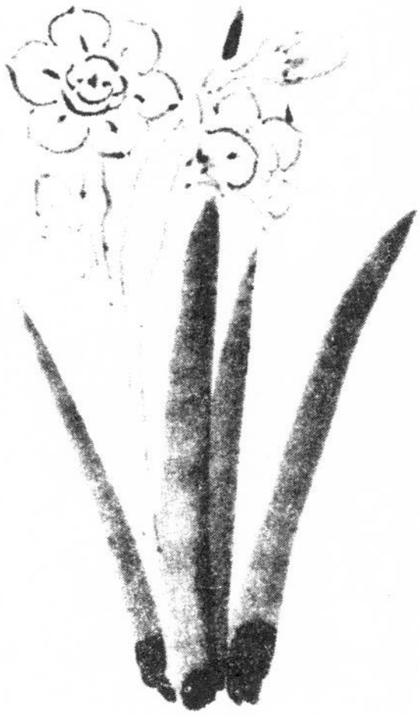

屋漏偏逢連夜雨，早該未雨先綢繆；
行船總遇頂頭風，舵手在行何足懼？

房屋失修，偏又碰上連夜大雨，看來運氣實在太壞。但房屋受損，可能早已發現，爲什麼不能及早修補？如今深受屋漏之苦，與其怨天，倒不如好好地自我檢討反省。

每次船要出海，都會遇上逆風，運氣也著實不佳。但掌舵的人若是航海老手，經驗豐富、信心十足，即使難得遇上順風，不是照樣可以乘長風破萬里浪嗎？

魔術人人喜愛，愛它明騙；詐術人人痛恨，恨它暗算。

魔術，只是一種障眼的戲法。這種戲法，不論如何出神入化，畢竟是騙人的玩意兒。不過，觀衆明知是假，却偏愛受騙，只因爲它是純正的娛樂表演。

詐術，說穿了就是誘人入彀的一種圈套。受害者又如水中魚，在被釣到之前，只見餌不見鈎，等到發覺上當，已經悔之晚矣。

二十年前，某報有則花邊新聞說：某地農夫甲向農夫乙提議，以豬肉交換白米。其計算方式：出米者從一粒米開始，每天一倍，共一個月的數量，交換十斤豬肉。農夫乙欣然同意，但計算結果，三十一天的白米，竟有二六八、四三五、四五六粒之多！折合市價，較十斤豬肉超出數倍。因此，農夫乙大呼上當，並情商農夫甲，將白米減半交付。由此可見，詐術往往使人有若中獎般的不可抗拒。所以，施展詐術者，人人切齒痛恨。

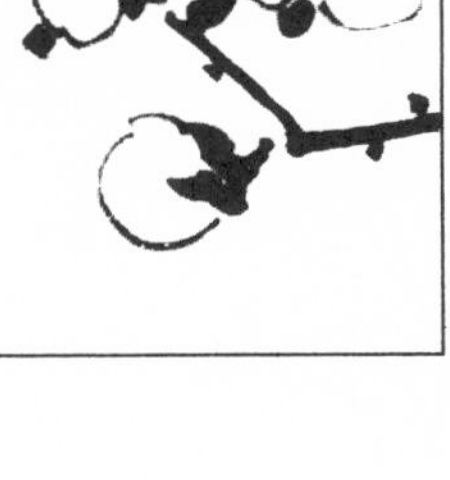

坐擁巨金，未必家有賢妻；身居高位，未必深得人望。

有人接收遺產，毫不費力就擁有巨大的財富。然而，儘管財多，倒不一定能娶個美麗而賢淑的太太。因爲，光是有錢而無真才實學，要討個「花瓶」式的女人不成問題，那秀外慧中的淑女，未必會心甘情願地嫁給他。

懂得登龍術的人，在官場會飛黃騰達；在職場也能春風得意。這種人，眼睛只往上看，專仰上司鼻息。對下則可能漠不關心，也許還會作威作福。所以，職權雖高，卻未必能博得部屬的尊敬和外界的推崇。

父嚴未必出虎子，師嚴一定有高徒。

一位管教很嚴的父親，未必能使兒子出人頭地。因爲，任何父親都不可能把全部時間和精力，用於調教子女。何況有些恨鐵不成鋼的父親，善管未必能教。

老師是專業人員，其職責就是作育人才。儘管學生的資秉不一，只要老師心無旁騖、教學認真，在衆多的門生中，一定能培養出若干優秀人才。

要想不做是非人，別人是非少議論。

無論是什麼身分地位的人，總會有人背地裏批評他的不是。同樣的，很多被人背後物議的人，也愛背地裏講人是非。可見，喜歡是是非非，是世人共同的缺點，並不因人而殊。

然而，可以確定的是，沒有人會以「是非人」自命。既然人人都討厭「是非人」。那麼，最好的辦法，就是由自己開始，不再背後任意議論別人的長短和是非。

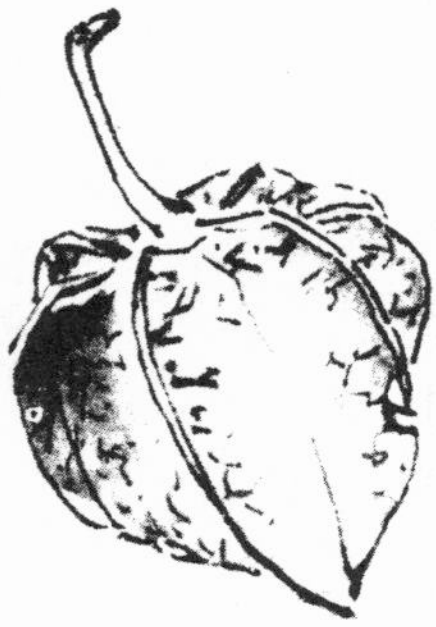

好犯上者，常袒下護短；喜媚上者，多爭功諉過。

常常冒犯上司的人，他最大的缺點，還不在以忤逆為榮的病態心理。而是他慣於袒護部屬的過錯，以致產生姑息養奸的後果。他這樣做的目的，是想鞏固自身的領導權威。但他應該知道上行下效的道理，本身對上不敬，又如何能獲得下屬的尊敬？

常對上司諂諛的人，那絕非出於真誠的愛戴。他那假獻慇懃的醜態，表面看來，像是忠心耿耿，絕對服從，但骨子裏只是為了爭取寵信。而且，有功居為己有，有過則諉諸部屬。

羣策，可謀大計；羣力，可成大功。

古人有云：智者千慮必有一失；愚者千慮必有一得。凡事集多數人的智慧，共同籌思策劃，必能產生最成熟的構想。

俗語話：團結就是力量。工業社會，尤其重視協調連繫、分工合作。凡事能結合多數人的力量，就能迎接挑戰，成就大的功業。

生身父母不可忤；飲食父母不可侮。

語云：天下無不是父母。父母對子女的愛，是出乎自然、發乎至情。易言之，也就是無條件、無保留和不計回饋的。所以，一般而言，父母的管教，儘管有時失之嚴苛；父母的言語態度或是非判斷容有不當，做兒女的絕不可悍然忤逆。所謂「孝以順爲先」，等父母的心境平靜時，再委婉地訴說自己的感受和想法，就不失事親之道了。

從前的生意人，講求和氣生財，把消費者視爲「飲食父母」。現代商人，雖然滿口行銷策略，但基本理念應無不同。任何販賣商和服務業，都應以誠敬之心對待顧客。因爲，沒有消費者的光顧，商家老闆如何發財？受薪員工如何養家活口？可悲的是，教育普及了，「和氣生財」的傳統觀念反而式微，更甭說對「飲食父母」心存感激。

菜根人生 101

權傾而不專擅者必賢。
多金而不慳吝者必仁。
才高而不傲物者可師。
得意而不忘形者可敬。

權柄極大，卻不獨斷專行的人，必是君子。
富甲一方，但不吝嗇刻薄的人，不失仁厚。
才氣很高，而能謙沖爲懷的人，最堪效法。
常處順境，依然安份守己的人，令人欽服。

菜根人生 102

人人有潛力，只怪天份多遭埋沒；物物皆資源，常因怠忽形成暴殄。

「天生我才必有用」，仔細觀察，頭腦健康的人，各有不同的天賦潛能，即使是肢體殘障，也必有可塑的一面。

例如：有人不善詞令，却有歌唱的天份；有人追求學問一竅不通，但若授以技藝，却能「一點就破」。肢體殘障的人，智慧往往高人一等。只怕沒有自知之明或是硬要跟著別人的脚步走，以致辜負了自己的天份，到頭來一事無成。

凡物都有用處，即使是廢料、垃圾，經過科技處理，也能化腐朽爲神奇。廢紙可以「再生」，煤渣、煤灰也可製成磚材或柏油代替品，……。只要肯動腦筋，無物不是資源，無物不能循環「再生」。就怕管理不善或不能善加利用，以致暴殄天物。

菜根人生 103

君子得志不忘報恩；
小人得志不忘報怨。

有道德修養的人，一旦得志，就急於回報對他有過恩情的人。

那心胸狹窄的人，一旦得志，就念念不忘如何報復曾使他遭受委屈的人。

一石難中二鳥，
一犬休逐二兔；
脚踏兩條船，
左右不安全。

擲出一粒石子，想擊中兩隻飛鳥，或然率肯定是零。

驅策一隻獵犬，同時追逐兩隻野兔，結果必然一無所獲。

世上有些自以爲聰明的人，在多元或對立的關係中，總想「脚踏兩條船」，那邊利多，就向那邊倒。但實際上，這種如意算盤並不高明。當兩條船接近平行時，或可左右逢源，兩邊討好。一旦兩條船拉開間隔或距離，必然顧此失彼，進退失據。若是投機心理被雙方識破，「落水狗」的結局只有一個，「看著他活活淹死」！

只尾羽之格，勿艷羨「鷄口」；已頭角崢嶸，莫自甘「牛後」。

太多的年輕人，把「寧爲鷄口，不爲牛後」視爲真理。初出茅蘆，就想出人頭地、領袖羣倫。這種情形就像只具尾羽之格，却偏偏艷羨「鷄口」之榮。及至從「鷄口」的角色敗下陣來，正徬徨瞻顧不知所以的時候，也許會驚奇地發現，原來不想冒進的人，此刻竟穩穩地做了「鷄口」，而自己於檢討反省之餘，反而必須回歸牛後，從頭幹起。此情此景，試想該是何等尷尬？

語云：人心向西（上）水向東（下）。凡是有進取心的人，都應具有一展抱負的雄心壯志。然而，天賦「極限」各有不同；才具必經歷練方能升華。如果，先在各行各業打好基礎，等到資望成熟、時運光顧，不但可以自己創業，亦可脫穎而出「後來居上」。因爲，既已「頭角崢嶸」，就不必亦不會永遠扮演「牛後」了。

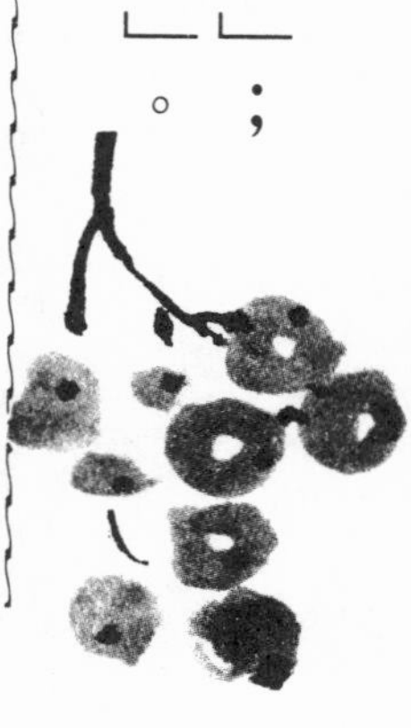

相互放射，愛情如磁鐵；相對吸收，友誼風馬牛。

有人說，愛情是施予不是佔有，實際上愛情是雙向放射與吸收的關係，如果只收不放，即無從吸收；只放不收，又會感情「透支」。任何性質的「透支」，都是無法維持恆久的。

正常的愛情，是在彼此放射之下而感到互補性的滿足。這樣的愛情，有如磁鐵一般地互相吸引著。

友誼的維繫也是一樣，如果只是單向的放射與吸收，就會產生平衡問題。相反的，彼此都只吸收而不放射，那就如同風中馬牛，背道而馳。由此可見，愛情與友誼，同樣是建立在相互放射的基礎之上。

貪杯傷胃，貪色傷身。最忌嗜賭，輸掉一生。

小酌，本爲雅事一樁。如因酬酢，各憑酒量，把盞言歡，亦爲社交之常態。但若貪杯成癮，每飲必醉，那便是跟自己的腸胃過不去了。

古人説：食色性也。不過，食色都要適度才好。暴飲暴食尚且有害，縱情酒色，必然在健康上，付出無可彌補的代價。或曰，「色」並不即是「性」，「性」亦未等於「房事」。但實際上，一般人在觀念上，三者的界線相當模糊。而所謂酒色的「色」，當然指男女的性關係而言。過多的性愛，身體的精華，焉有不透支之理！

酒色固不可貪，但最壞的習性莫過於好賭。語云：十賭九輸。消耗了大好時光，戕賊了身心健康，還可能因賭結怨，招致殺身之禍，或爲賭債走上不歸路。所以説，嗜賭成癖不僅敗家，也把生命的意義和價值輸個精光！

私心重的人言行不一；醋勁大的人用情不專。

過於自私的人，凡事都以主觀利益爲是非取捨的標準。即使已經鄭重承諾的事，一旦發覺與自身的利益略有衝突，就會公然背信。要不然就是食言不宣。信義之於他，只有在利益平行時才會被尊重。

很愛吃醋的人，不但多疑善妬，而且具有强烈的報復心理。見到愛人或配偶與異性偶有接觸，就會情緒激動，當場發酵。若再捕風捉影、誤會加深，不是公然興師問罪，就是藉勾搭異性以爲報復。所以，太會吃醋的人，絕不是愛情專一的好對象。

自由不離自治；民主不外法治。

自由民主是現代的思想潮流和大勢所趨。以言自由，羅蘭夫人就曾說過，「生命誠可貴，愛情價更高，若爲自由故，兩者皆可拋。」德國諺語，亦有「自由較金銀更貴重」之說。

然而，凡事有利必有其弊，自由、民主也不例外。因此，羅蘭夫人又說：「自由、自由，天下多少罪惡，皆假汝之名以行。」這說明了，在自由的環境中，有人常會作賤自由，將膨脹自我，爲所欲爲，視爲理所當然。

正確的自由觀念，自身自由以不妨害他人自由爲前提；私人利益以不抵觸公衆利益爲原則。易言之，能自治始有資格享受充分自由。「自治」兼具自制與自律的內涵。自我放任的自由，不是純正的自由，而是變相的霸道，不足取法，也應受到排斥。

民主，即主權在民，也就是一國的主權，屬於全體人民。每一公民，都有參與政治的權利，縱無從政的意願和才器，至少可以行使選賢與能的基本民權。透過選舉建立民意機構，進行民主運作（反映民情、監督政績），是即所謂民治。今之新興國家，民主意識高張，民主教範不足，以致民主真諦常被扭曲。野心政客假借民意興風作浪，或誤導輿論斲傷公權力。以致人民未蒙健康民主之惠，反受病態民主之害。務本之圖，首須加強民主即民治；民治不外法治的心理建設。必如此，民主政治才能健全發展。

菜根人生 110

有蟲未必先腐；物腐一定生蟲。

有蟲出現的地方，不一定表示那裏有什麼東西已經腐敗。說不定那些蟲是由別處來的。

然而，已經腐敗的東西，不論是木料、肉料、衣料、紙料、草料、飲料或菜餚、食品，必然會有蠹蟲、蛆蟲或菌蟲就地繁殖。

引而伸之，一個人遭人物議，未必是本身的人格已有瑕疵。如果只是謠傳、誤會，洗刷澄清自亦容易。但若本身真的不知自愛，那麼名譽掃地是咎由自取，不描還好，越描越黑。

溫室的小花不抗霜；富家的兒女難自強。

一向在溫室培育的小花，絕對經不起風霜的摧殘。對於這類小花，想要改變它那天生弱質，無異緣木求魚，不切實際。因此，只有一直養在溫室，小心照顧，才能綻放美麗的花朵。

那富家的兒女，自小嬌生慣養，如同溫室小花一般，離開溫室就難自保。

然而，富家兒女的軟弱，多爲後天環境使然，不一定先天就有問題。如果，父母不予過份呵護、寵愛，並且讓他早日投入社會的熔爐，接受時代的考驗，當然仍可自立自強。

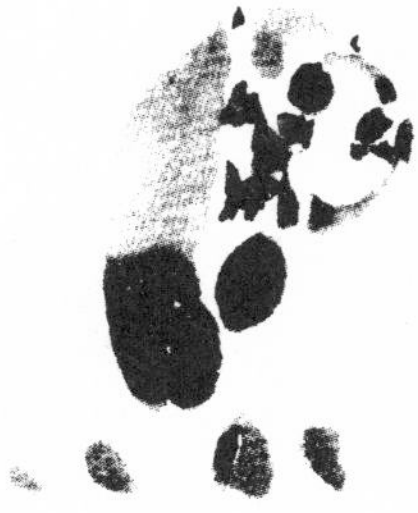

爬樓梯很辛苦，上下不出一階；搭電梯很輕鬆，暴起必然暴落。

現代建築愈來愈高，經由樓梯上下，固然很費力氣，而且上下不出一階。但以喻人生，就是飛不高也跌不重。

搭電梯上樓，當然很輕鬆，但升得快降得亦快。以喻人生，那就是忽升忽降，暴起暴落。這樣的人生也許很刺激。然而，成功與失敗的滋味，畢竟是不同的。尤其是嚐過成功滋味的人，再咀嚼那失敗的苦果，真可謂寒天飲冰水，點滴在心頭！

有錢的人，錢賺錢。無錢的人，人賺錢。人賺錢眞累人，要保住青山；錢賺錢有風險，須看風駛船。

資金雄厚的人，以投資方式賺大錢。

缺乏資金的人，靠勞心勞力賺薪資。

憑基本條件賺錢相當辛苦，非得保持健康與活力不可。諺語：留得青山在，不怕沒柴燒。健康活力，無疑是薪資階級的最大本錢。

以投資營利，看似輕鬆，其實行行皆有風險。穩健的企業家，宛如航海老手，懂得如何肆應風向、風速，謹愼掌舵、鼓浪前進，即使如此，仍然不能沒有風險。有些冒險家，昧於經濟情勢，缺乏經營理念，又不重視市場調查，就憑一股衝勁盲目投資。其結果，就像航海生手，在驚濤駭浪中逆風揚帆，稍一慌亂，便會覆舟滅頂。

潛力因危迫而激越；鬥志靠決心而昂揚。

一個人的潛力，平素隱而不彰，甚至連自己也估它不透。譬如說，當一個人被猛獸追趕到一處既寬且深的溝壑邊緣，情急之下縱身一躍，居然輕而易舉地跳了過去。這時，回頭看看，不覺爲之駭汗。等野獸遠颺，想要原地跳回來，反會躊躇再三，毫無信心。

鬥志通常是來自必勝的信念，也有時是來自責任、榮譽的壓力，但無論如何都必須靠決心的形成而昇華。因爲，決心具有絕對的剛性。有時，明知不可爲而爲之。有了破釜沈舟的決心，任何心理包袱都會一掃而空，鬥志也就益發昂揚起來。一旦鬥志達於巔峯，其銳自不可當。

菜根人生 115

打天下者要能治天下；會創業者還須能守成。

古今叱咤風雲的英雄人物指不勝屈。但他們能打天下，倒未必能夠治天下。唯有武能革命，文能興國，才是真正的歷史偉人或時代舵手。有創業雄心而又善於把握機會的人，亦不失爲勇者的畫像。然而，創業維艱，守成不易。會創業而又能守成，才是真正的事業家。

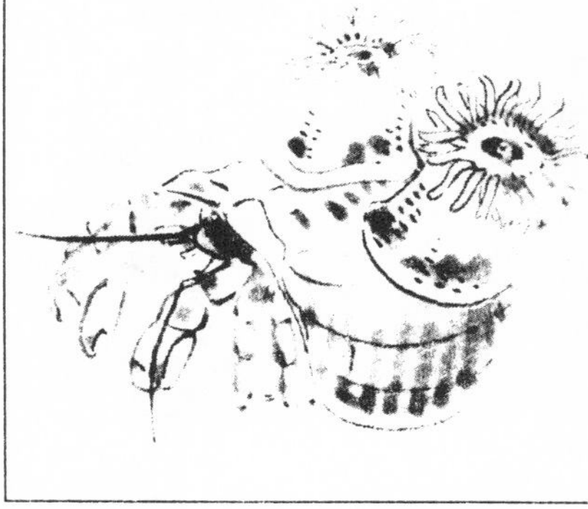

慾望不會三級跳，軍官上尉望少校；人心向上水向下，人事管道要疏導。

人的慾望是有階級性的。只具備低級條件的人，僅會對中級的誘因反應强烈。由於高級的誘因，可望不可即，反而不會產生强烈的慾望。譬如說，一個以機車代步的人，他所夢寐以求，可能是一部省油小汽車，絕不會渴望有一部豪華轎車。

在軍中，上尉軍官只對少校軍階特感興趣，等他升了少校，才會渴慕中校。換句話說，根本沒有希望的事，通常不會急於追求。然而，滿足了下層慾望，上層慾望就會很快地產生。越是條件接近，反應也越强烈。（事實上，慾望有所謂「三級跳」的情形，不過，那是「淫慾」而非正常的慾望。）

人性和水性相反。語云：人向高處爬，水向低處流。明乎此，當道者就應特別注意人事管理的疏導，俾能鞏固向心、提高工作效率。

君子重義輕利；小人見利忘義。

金錢財貨固爲利，浮名虛譽亦謂利。當今社會，利之所在趨之若鶩，但君子能明辨義利，知所取捨。凡事如違義理，則一絲不苟，一介不取。是以，君子人恆敬之。

小人與君子不同，凡事自以爲有利可圖，即不知廉恥，罔顧道義，只爲目的不擇手段。這種見利忘義的作風，無異道德的蠹蟲、社會的蟊賊。如不羣起而攻之，亦應人人敬而遠之。只要重義輕利的觀念深植人心，社會自然充滿祥和；國家不難恢復禮義之邦！

萬丈高樓平地起；萬里長城始於跬。

樓高萬丈，必須從基礎造起。萬里長城要想從起點走到終點，也得由一小步開始。

再具體一點說，如蓋房子，不先打好根基，那麼，蓋得越高垮得越快。前程萬里，要到達目的地，不從第一小步邁起，是永遠無法接近目標的。

這兩點啓示，道理簡單寓意深刻，青年朋友允宜多加玩索。

物不在奇，缺之則珍；才不在高，適用則優。

語云：物以稀爲貴。任何有用之物，其市場價格，往往不是取決於其本身的「質」，而是取決於供求的「量」。鑽石固爲稀世之珍，但鑽石如果就像沙石一般，俯拾可得，就不會被人視爲珍寶。那白米是很普通的糧食，在豐衣足食的社會裏，無人三餐不繼。因此，即使白米撒滿一地，也沒有人會特別心痛。然而，假如連年歉收，餓殍載道，有人手捧一碗白米，旁人想用鑽戒、金條去換，恐怕他也不會爲之心動。所以說，物不在奇，缺之則珍。

談到人才，當然有高下之分。但羅致人才，不以頂尖之才爲優先，而以適用之才爲迫切。譬如，一位大學外文系的畢業生，與一位高職畢業生，同時應徵某公司總機話務員。結果，可能是後者被錄用，而大學生反被拒於門外。原因是高才低就，不但有「騎馬找馬之嫌」，而且，高才低

就，也未必能勝任愉快。因此，才不在高，只要適合需要，就是優秀人才。社會大多數的人，都有可取之處，都是可用之才，問題就在於能否人才適所。

勇於私鬥的人怯於公戰；小事精明的人大事糊塗。

好勇鬥狠的人，表面上看來都很勇敢。然而，奇怪的是，凡是勇於私鬥的人，全都怯於公戰。那些經常在街頭鬧事，動輒刀光劍影，互相殘殺的黑道人物，沒有一個願意投入戰場、爲國捐軀。如果在服行兵役期間能不「開小差」，已經難能可貴了，若要他們臨陣爭先、奮勇殺敵，那就不啻緣木求魚。

在小事上，處處表現精明能幹的人，一旦要他擔當重責大任，往往會焦頭爛額、一籌莫展。相反地，有雄才大略的人，多不屑在芝麻綠豆般的小事上求表現。所以，小節不拘、小事糊塗的人，說不定正是棟樑之才。所謂大賢如大愚，惟慧眼者能識英雄也。

錯待老友無新友。
不敬老子無孝子。

語云：在家靠父母，出外靠朋友。今日世界，物質文明愈發達，道德精神愈低落。君子之交，也就越發覺得可貴。因此，對待知己的老友，要特別誠懇厚道。如果虧待了多年的好友，要想再結交推心置腹的新朋友，那就更不容易了。

凡是不孝敬父母的人，就別指望子女會孝敬自己。所謂上行下效。本身既然做了壞的榜樣，就不可能防止子女模仿效尤。何況，自己不盡孝道而要子女存養孝思，也是有悖天理的。

酒不醉人人自醉，色不迷人人自迷。鬼不嚇人人自嚇，法不繩人人自繩。

人不喝酒，酒怎會落肚？那些常常酒後失態，醉後亂性的人，是自己酷愛杯中物，無論如何罪不在酒。

美色當前，能不動心者幾希？但客觀的存在，不能決定主觀的意識，只有意志不堅、定力不足的人，才會見獵心喜、自我迷失。

鬼，有人說有，有人說無。但有一點是可以肯定的，那就是只見人害人，未曾鬼犯人。古今怪力亂神皆爲心理病態的產物。人們心中有鬼，才會自己嚇自己。語云：問心未做虧心事，不怕夜半鬼敲門。爲人光明磊落、心胸坦蕩，就不會心生暗鬼，何怕之有？

法律是爲人制訂的，但法律不以「繩」人爲能事。有人受到法律的制裁，不是存心向法律挑戰，就是一時糊塗而誤蹈法網。對於循規蹈矩和一向頭腦清醒的人來說，法律再嚴「於我何有哉？」

人生苦短，
百歲不易。
生前不知在那裏；死後不知那裏去。
大家有緣地球聚，何必小事傷和氣？

人生在世如白駒過隙，要活一百歲，真是談何容易。

然而，即使人人都能長命百歲。那年紀老大的長者，若是回過頭去看看，必會聳然不知幾十年前在那裏；那稚齡的兒童，若是向前翹望，也會茫然不知幾十年後那裏去！

想到人生如此短暫，而大家能在同一時代來到地球，應該不出一個「緣」字。

既然有幸在這小小的地球上相聚，如果只爲了一點芝麻小事就互相猜忌、互不相容，該是多麼不智？又是何等不值？

嬌女有人爲媒；驕子無人問才。

嬌滴滴的女孩，不乏男孩追求。此即所謂「窈窕淑女，君子好逑。」那富家女嬌生慣養，也會有人前來說媒。因爲，被父母視爲掌珠的女孩，雖然有如溫室之花，但其性行，或不失大家閨秀的風範。男人中有人欣賞小家碧玉，更多的人則私心傾慕大家閨秀。

紈袴子弟大多驕縱不羈，揮霍無度，或放浪形骸。由於無品無狀，親朋側目，即使小有才器，只怕無人敢用。

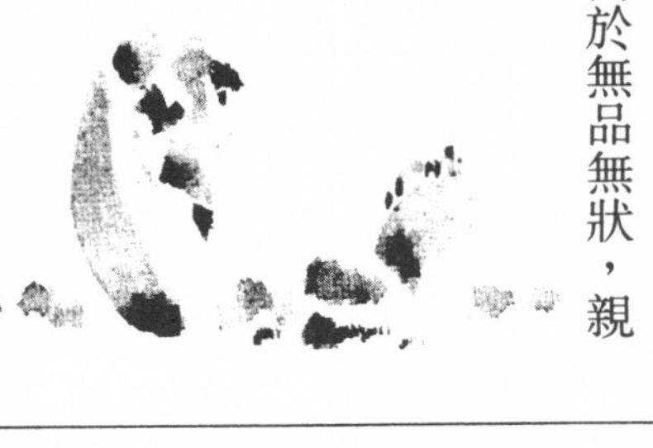

耳語讒言勿輕信，信必中間；道聽塗說勿輕疑，疑須有徵。

有人以耳語的方式說人壞話，不可受其蠱惑。如因聽信不光明磊落的批評或中傷，那就正好中了小人離間之計。

缺乏事實根據的流言蜚語，不可反應過敏。如果認爲某一馬路消息頗近情理，且攸關自身的利害，最好立即求證，以免受愚而亂了方寸。

禾當乾旱，渴望及時甘霖；人處苦難，最盼雪裏送炭。

莊稼面臨苦旱的時候，最渴望的就是及時雨；人處在窮愁潦倒的困境，一心企盼的就是人情的溫暖。

然而，禾當乾旱的時候，那及時甘霖縱不可得，但總會有人設法引水灌溉。而那亟待救助的人，就不一定會有人主動地伸出援手。

是不是人不如禾，這是個殊堪玩索的問題。如果救莊稼是爲了怕缺糧，那麼，救人難道就一定是「肉包子打狗，有去無回」？其實，「人飢己飢，人溺己溺」的慈悲精神，如能深植人心，廣爲發揚，在不斷的良性循環中，必會領略回饋的滋味。

寧啃鮮桃一口，
不吃爛梨一筐；
寧與君子、淑女終生神交，
不與蕩婦、浪子夜夜共枕。

好的水果誰都愛吃。但，如果鮮桃只能淺嚐，而爛梨卻可任吃。那麼，我寧願啃那鮮桃一口，也不願吃那爛梨一筐。

對於兩性相愛，也應抱持嚴謹的態度。淑女難求，蕩婦易得。但前者是福星，是傑出男人的有力支柱；後者是禍水，是男人成功、幸福的「掃把星」。

君子木訥，浪子熱情。但前者肯爲家庭、社會背負十字架；後者永遠是「一杯水主義者」。自古良緣佳偶，可遇不可求。然而，有原則的人，寧願與君子、淑女終生神交，不會只爲了物質慾望或生理的需要而與浪子、蕩婦貌合神離一輩子。

點石成金猶不足，人心太貪；
酒肉落肚不要屋，太沒心肝。

有人說，人的慾望就像無底洞，永無填滿之日。然而，人慾並非完全有害。語云：人不爲財，誰肯起早？可見，人有慾望才肯努力。不過，慾望必須適當節制，否則就會氾濫成災。像呂洞賓爲人點石成金，有人居然捨金而強要他的手指！這就實在貪得過火；貪得失去理性。

社會上還有一種人，生來樂天知命、與世無爭。他們抱著今朝有酒今朝醉的心態，混了今天不管明天。所以，當意氣相投的朋友聚在一起，只要酒肉落肚，什麼也不在乎。甚至爲了表現大方，有人要他把房契掏出來割讓，也會慷慨答應，面無難色。這種人，雖然與世無爭，却也太沒心肝。

前者令人不齒，後者也不足爲訓。所謂過猶不及均非所宜，還是中庸之道，不失爲社會安和進步的原動力。

長江後浪趕前浪，前浪不得不讓；職場後生追先生，先生當退則退。

長江後浪趕前浪，而且一定會超越前浪。因爲，浪是風助潮湧，一波壓倒一波。

在企業團體中，一批批後起之秀，緊追資深的老前輩。開始時，「後生」會師法「先生」。久之，年富力强、進取心旺盛的「後生」就會青出於藍而勝於藍。至此，那些前輩如果仍然戀棧不退，不是阻滯了後生晚輩的出路，窒息企業生機，就是易位而處，「先生」變成了「學生」。情勢一旦逆轉，縱不覺「情何以堪」，倒也難免不太自在！

大丈夫未必妻賢子肖；賢女子大多福壽雙全。

語云：大丈夫難免妻不賢子不肖。其實，這絕不是宿命論。原因是，自古英雄難過美人關，由於娶妻取貌，於是妖姬尤物也能「飛上枝頭做鳳凰」。這類女人，「秀外」有餘，「慧中」不足。本身既不具備賢妻的美德，又怎能期望她演好良母的角色？

然而，古今賢妻良母型的淑女，卻大多福壽雙全。爲什麼呢？因爲，好花不會插在牛糞上。即使是封建社會，婚姻全憑父母之命、媒妁之言。但書香淑媛，絕不會匹配地痞流氓或紈袴子弟。既然選門閥兼重家風，就有機會發揮相夫教子的美德。丈夫有賢妻主持中饋，必能專心一志創造事業，而子女在良母呵護調教之下，鮮有不成才器者。丈夫有爲，子女賢肖，這就是女人一生最大的幸福。有此鴻福，自會笑口常開而延年益壽了。

同行相斥，宜開明競爭；異性相吸，勿盲目戀愛。

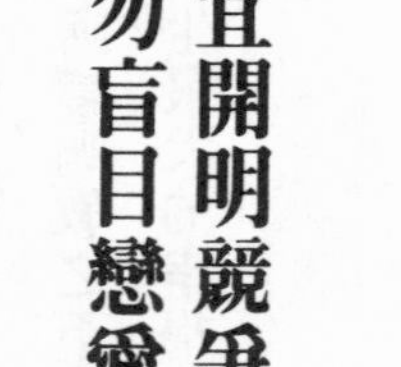

語云：同行是寃家。爲了商業上的競爭，原來是要好的朋友，也會因利益衝突而勢成水火、情如冰炭。然而，這種同行之間相互排斥的心理，豈能謂爲商場上的常態？君子競爭，理當堂堂正正，就像運動場上競技，本領高强，自能一馬當先，獨佔鰲頭。縱然技不如人而慘遭「滑鐵盧」，何妨檢討得失，下次再來見個高下？使奸用詐、暗中鬥法，不僅有損商德，也可能兩敗俱傷而爲第三者坐收漁利。

異性之間相互吸引，本是天經地義的事。但正因異性相吸是出於天性，所以，當事人每因把持不住而盲目戀愛。等到頭腦清醒，眼睛睜開，可能悲劇已經揭幕。要避免迷失，最好一開始就能保持理智。既要多多了解對方，也要平實評估自己。彼此因了解而相愛，婚姻美滿的或然率自然很高。

粗人與人鬥力；愚人與人鬥氣。
敏者與人鬥智；賢者與人鬥志。

頭腦簡單的人，只會和人比力氣。因爲，他最大的本錢就是那股牛勁。

孤陋寡聞的人，專愛和人作口舌之辯。不如此，他會擔心被人冷落和低估。

智慧型的人，習慣和人比聰明，他確實有值得賣弄的機智和才情。

君子型的人，一向和人比抱負。所以，君子多能成爲有爲有守的大丈夫。

功利社會不論什麼樣的人，似乎所在多有，惟獨謙謙君子稀如鳳毛麟角。有心人士徒嘆世風日下、人心不古。如果，多給賢者一點掌聲，是否會有更多的人見賢思齊？值得大家深思！

戀愛皆曰追或趕；戀到癡迷有盲點。
兩情相悅只見長；兩心相許莫護短。

一般人都把男人結交女友，說成「追求」異性。當然，兩性交往，通常男性居於主動。但，主動不能解釋爲你跑我追。假如是這樣的「追求」，那就未免太原始了。

戀愛，其實是兩性的心電感應。語云：一個巴掌拍不響。只不過女性比較含蓄，而且慣以暗示表達內心的情愫。因此，兩性相吸，誰主動被動都無關宏旨，重要的是不可盲目戀愛。須知，兩情相悅的時候，往往都是陶醉在對方刻意表現的溫柔中，當情感壓倒理智時，即使是睜大了眼睛，只能看到對方的優點，却看不清對方潛在的缺點，（也就是難以適應的特質）。這樣的戀愛，自然隱藏很大的風險。

在兩心相許之前，有必要從側面多多了解對方，最好是彼此都願率性地將自己透明化。換言之，彼此都別「藏拙護短」，那就輕鬆多了。

健全的體魄是奮鬥的本錢；豐富的學識是成功的翅膀。

一個人如果健康很差，對任何事都會畏縮不前、興趣缺缺。所以，健全的體魄，實爲人生奮鬥的基本條件。

不過單憑良好的基本條件，要實現崇高的理想，仍嫌不足。必須具備豐富的學識，才能如虎添翼、一飛沖天！

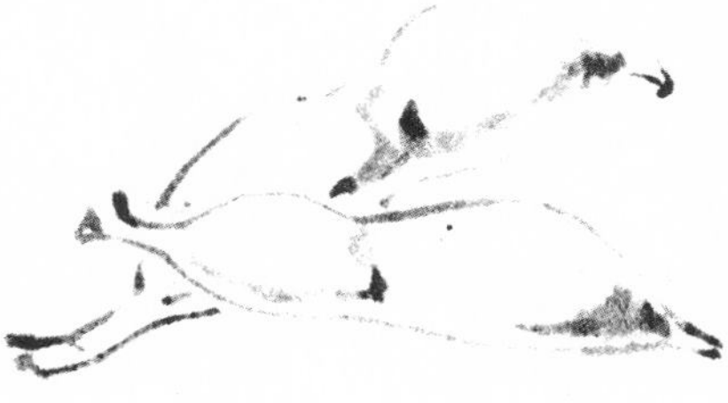

世間有不可救藥的人；天下無不能成功的事。

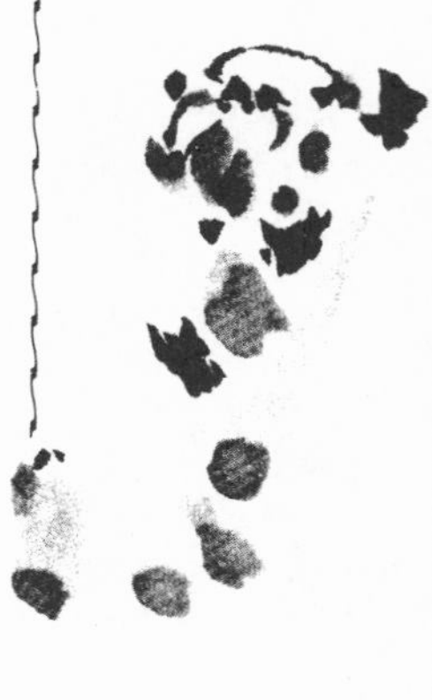

人世間有救不活的人，卻沒有做不到的事。

此話乍看頗爲矛盾。既然天下無不能成功的事，爲何會有不可救藥的人？

其實，道理非常簡單。一個病人如果喪失了求生的意志，最有效的藥石，也不可能醫好他的病；一個不見棺材不落淚的社會敗類，道德、法律於他何有哉？所謂哀莫大於心死。對於這兩種人，恐怕神仙也歎無能爲力。

除了救不活那些活著的死人，天下人間幾乎沒有真正難爲的事。想想看，以前的人，以爲人能一飛沖天，是件不可思議的事。如今，太空旅遊已經無人懷疑。而且，連少年兒童也都相信，昨天的幻想，明天就會成爲事實。當然，人類還有很多夢想未能實現，不過，那只是時間問題。

窮是鞭策，使人奮發；富如醇酒，最易沉醉。

窮能使人三餐不繼，窮能使人潦倒不堪，窮也最能使人羞愧難當。然而，正因爲「窮」是如此可畏、可憎與可恥，所以，它給人的刺激愈深，激發的鬥志愈强。

林肯曾說：窮即鞭策，常使窮人爭先富人落後。遠者不說，當今不少苦幹有成的學人和企業家，如果不是少小之年，深受窮困的刺激和鞭策，恐怕終其一生，不能出人頭地而卓然有成。

富，使人居有華屋、出有轎車，享盡人間豪奢；富亦能幫人沽名釣譽、海闊天空，享盡人間榮華。但正因爲富如醇酒一般的美好，當某些富人正昏昏沈醉時，也正是某些窮人奮發圖强、急起直追的時候。等到前者清醒過來，也許會驀地發現，一切榮華富貴，早已成爲過眼雲煙。此刻異位而處，窮人變成富翁，富人反而變成了窮措大。

菜根人生 137

成功而不驕矜，堪以賢者期許；失敗而不氣餒，自見英雄本色。

凡是宦途得意、事業成功而能不驕狂自大，才不愧是有才能有修養的人；職場受挫或經商失利而不灰心喪志，才不失爲英雄本色。

本來嘛，任何人成功的因素不止一端，且多少還要靠點機運，有什麼值得驕傲自大的？另一方面，失敗也並非命裏註定。只要能從失敗的經驗中汲取教訓，那麼，失敗正是成功的開路先鋒。所以，真正的英雄永不氣餒，而成功將屬於不怕失敗的人。

沒有中心目標的人，長年徘徊；沒有中心思想的人，終生搖擺。

人生在世，必須朝著中心目標奮鬥前進。如無中心目標，就會長年徘徊不定，任令歲月蹉跎、一事無成。

有了中心目標，也要有中心思想，就不致受人蠱惑、誤入歧途。也不致互左互右、互東互西的搖擺不定。

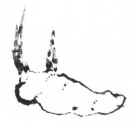

良駒非善騎者不馴；杞梓非有德者不事。

日行千里的好馬，若非騎術精良而又深諳馬性的騎師，這馬不會服服貼貼地任他驅策。

「杞梓」作英才解。傑出的英才，都有「良禽擇木而棲」、「賢臣擇主而事」的傲骨。因此，絕不會甘願追隨一個待人苛刻、人格卑鄙的上司或老闆。

路非一人走平，屋非一磚砌成。
凡事羣策羣力，必能衆志成城。

田埂山徑，不是一個人能夠走平；簡舍陋屋，也不是一磚一石能夠砌成。

凡是一人無法完成的事，就必須大家一起來幹。只要意志集中、力量合一，即使再造一條長城又有何難？

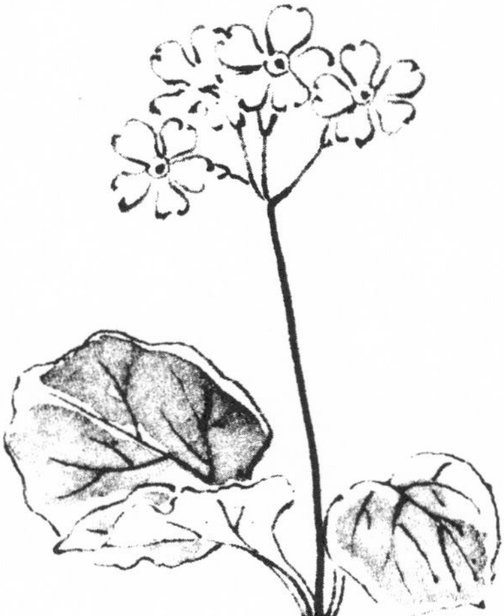

腰纏萬貫，不如薄技在身；富甲天下，難比學貫中西。

一個人儘管很有錢，仍不如具備一些最基本的謀生本領。因爲，金錢畢竟是身外之物，不可能取之不盡、用之不竭。只有那可以謀生賺錢的本領，才是最可靠的。

財富多得天下第一，不能與那精通中西學問的人相比。因爲，學問本身就是一種財富。學貫中西無疑是擁有最大的財富，而這種財富，可以救國、可以濟世，甚至可以使無變有、化腐臭爲神奇……。擁有這種財富的人，又豈是普通的富豪所能望其項背？

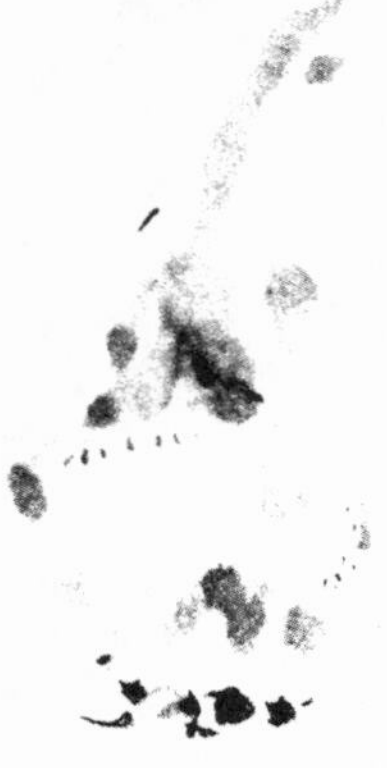

人欲向上，如登山拾階，舉步維艱；人若墮落，如順水放舟，一發難收。

人要力爭上游，就如同順著蜿蜒的石階上山一樣的吃力。正因爲人向高處走、舉步維艱。所以，有成就的人，特別受人尊敬。

人若不知進取，甚或自甘墮落，就像順著水流把小船放走。這隻不能把持方向的小船，若非觸礁沉沒，中途是很難停下來的。語云：浪子回頭金不換。人在墮落中能及時猛省，該是何等地難能可貴啊！

穀榖一筆之別，馬虎不得；善惡一念之間，糊塗不得。

穀，是禾本植物的穗粒，稻、麥、粟、粱、稷總稱「五穀」。穀，在古哲中亦作美好與善良解。

榖，是一種樹名，稱爲「榖木」。古人視榖木爲惡木，因此，又作惡或壞字解。

「穀」與「榖」形似而實非一字。這兩個字，只有一筆之差。而且，那一筆無關結構，如非仔細辨認，還很難看出差別的所在。前者的正確寫法，是左下角的「禾」上多一橫；後者的正確寫法是左下角的「木」上加一撇。兩個字僅一筆之差，其涵義却相去十萬八千里，實在馬虎不得。

善與惡是兩個極端，這二字的形象截然不同，但在意識上却往往界線不清。不過，一般而言，行爲的結果源於意識的動機。所以，爲善爲惡，只在一念之間，站在這一念之差的分水嶺上，實在是糊塗不得。

多金的人好勝，切忌揮霍無度；多才的人自負，不可恃才傲物。

有錢的人，都有幾分的狂氣，好勝而又愛擺闊。然而，錢從那裏來？財經界人傑尹仲容先生曾說：他父親臨終遺言只有兩句話。一是沒有實權的差事不要接。二是每一文錢嗅嗅都有血，公帑私錢均不可虛擲浪費。這第二句話的涵義是：不論是政府的稅收或生意人的利潤，每一文錢，都是心血換來的。做生意有時可以賺大錢，但越是賺大錢的生意，風險越大。生意興隆、財源茂盛的背後，早已不知付出多少心血。因此，每一文錢，都要用之得當，絕不可揮霍無度。

有才幹的人，骨子裏都有幾分傲氣。如果在事業上一帆風順，就更容易自鳴得意而恃才傲物。然而，熟讀歷史的人，都會發現，凡是恃才傲物的人，最後都會失敗。所以，有才氣的人，應該多讀先賢的哲言，學習處世之道，切實修持恢宏的氣度和謙沖的襟懷，以建立良好的人際關係。

用人重才，無才難展業；娶妻娶德，無德是禍水。

用人首重才幹，延攬不到幹練的優秀人才，縱有創業雄心，也很難鴻圖大展、馬到成功。

娶妻要娶其賢淑的德性，否則不如不娶。因爲，有貌無德的爲人，不是虛有其表的「花瓶」，就是丈夫、子女甚至公婆三代受害的「禍水」。

臨財不苟得是眞君子；臨難不苟免乃大丈夫。

世人無不愛財，但愛財必須取之有道。面對非份或不義之財的誘惑，而能保持理性、不起貪念，那才是經得起考驗的真君子。

人皆貪生怕死，但死有重如泰山、輕如鴻毛。如果大難當頭，仍能本著責任、榮譽而慷慨赴義，那才是令人肅然起敬的大丈夫。

滿門祥和，雖貧猶樂；
兄弟鬩牆，雖富堪憂。

不論是大家族或是小家庭，只要滿門祥和、老少一心，即使景況欠佳、財富不豐，仍會感到天倫樂、樂融融。

語云：家不和外人欺。如果兄弟鬩牆、互相煎逼，外魔就會乘虛而入。縱然家道殷實，恐怕旦夕之間，就會呈現衰敗之象。

人離鄉則賤，客不壓主；貨離鄉則珍，物以稀貴。

一個人在本鄉本土，由於擁有家族、親戚和同學等現成的人脈。所以，在社會上容易取得立足點，也容易獲得提携、照顧而早日出頭。如果遠離鄉井、孤軍奮鬥，不要說大展鴻圖，恐怕連寄人籬下，謀個棲身之所也有困難。語云：強龍不壓地頭蛇。「人離鄉則賤」，洵屬不誣。

貨物與人恰恰相反，本地的物產供過於求，自然不受重視，一到了外地，就會身價大漲，道理就在「物以稀爲貴」。

施恩勿刻骨；受恩應銘心。

對人施恩，本是一種善行。語云：爲善最樂。如果把行善施恩，視爲一項投資，而念念不忘受恩者何時圖報，那就大錯而特錯了。

然而，受恩的人，却不能没有感恩圖報的心。不過，當有能力報恩的時候，也已經失去回報的機會，或者恩人拒絕回報。遇到這種情況，就不妨改以行善代替報恩。這樣做，既可消除忘恩負義的内疚，同時也能獲得行善最樂的快慰。最重要的，以行善代替報恩，很可能也是施恩者所最樂見的回饋方式。

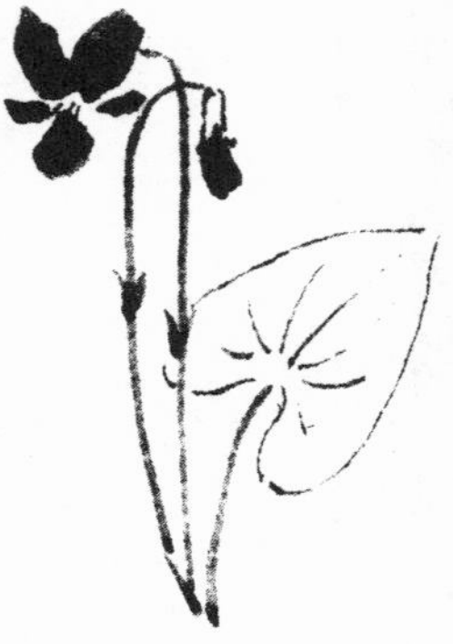

開源不流，金錢役人；開源節流，人役金錢。開源不節流，金錢煩惱人；無源也要流，金錢逼死人。

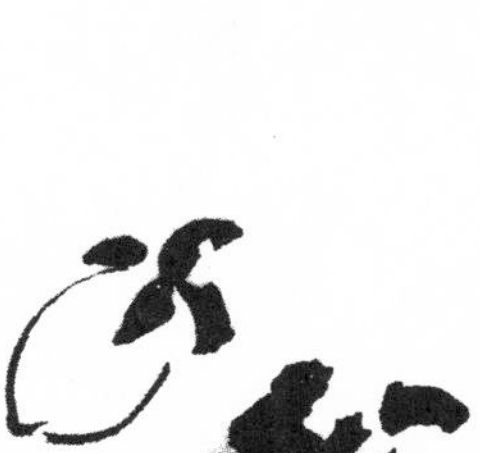

只知道賺錢，不知道用錢，人就變成了只爲金錢服務的守財奴。

懂得如何生財，又懂得節制開銷，人永遠是金錢的主宰。

雖然會賺錢，但卻不知節省。收支不能平衡，帳面常有赤字，甚至還會週轉不靈。這時候，人就會天天爲錢而苦惱。

最可怕的是，財源不繼仍要大量挹注，這種情形，人就真會給錢逼死。

在物，熱得快，冷得亦快；在人，決心快，變得亦快。

從物理實驗中，可以獲致如下的結論：凡是感熱很快的東西，必然也冷得很快。像鐵質的鍋子，上爐即熱、離爐即冷，就是很好的例證。

奇妙的是，人鐵雖不同源，卻具有相同的感性。凡是一見鍾情、一見如故的人，很難維持深厚的愛情或友誼。而反映在事務上的心理現象也是如此。凡是決心形成得太快，必然變得亦快。此一定論，真個百驗不爽。

菜根人生 152

污穢之地引人唾；
無品之人招人鄙。

路人吐痰，專朝髒處吐。如果不信，人人皆可來次自我測驗。

有人怕受處罰或一向自愛，而把口水或痰吐在手帕中，吾信；如果有人想隨地吐痰而又偏愛吐在人家乾淨的騎樓或門口，吾不信。（當然，若是唧怨而唾，則另當別論。）

做人也是一樣，自己不學好，就會招人鄙夷。就像污穢骯髒的地方，常易引人飛唾。

不忠的人，不用；不誠的人，不愛。無信的人，勿交；無義的人，勿助。

不忠的人不可用，用了這種人終必受害。

不誠的人不要愛，愛上這種人，無異浪費感情。

無信的人不可交，這種人輕諾寡信，不但說話信口開河，即使打了借據也會賴債。

至於不重道義的人，更要敬鬼神而遠之。因爲這種人見利忘義、見色思淫，甚至見死不救！和這種人交朋友，即使對他恩重如山，一旦發生利害衝突，他會照樣翻臉無情。

要瞭解一個人，可從言行小節去冷眼觀察，狐狸尾巴夾藏不了多久，當牠漫不經心的時候，就會原形畢露。

羞怯的男人惹人厭；
大膽的女子嚇跑人。

畏畏縮縮、怕見場面。而且，一説話就臉紅的男人，誰都不會喜歡；相反地，舉止豪放、作風大膽的女人，也會把原想拜倒石榴裙下的男人，統統嚇跑！

因爲，在世俗的觀念中，男人必有男人的氣概；女人須有女人的味道。若是男人羞澀矜持，女人大膽豪放，就會使人有乾坤倒置、陰陽錯亂的感覺。

圖方便往往惹麻煩；揀便宜每每吃大虧。

人皆有圖方便的習性。譬如說：過馬路走斑馬線，有時要繞個U字形大彎，就覺得不如乾脆從安全島上橫跨過去。然而，不是捷徑偏當捷徑走，一不小心，很可能闖進了「鬼門關」，即使是被困在安全島，一時進退不得，又是何苦來哉？

貪便宜也是人性的弱點之一。有些人喜歡逛地攤，或是爲百貨公司的「折扣戰」大捧場。結果，服裝多多，卻沒一件是質料款式兩相宜。還有人爲了對獎而買進很多不適用的消費品，以致造成無謂的浪費。除此，有人經不起江湖販子舌燦蓮花的誘惑而買了假手飾、假珠寶，以及足以致命的假藥，也是時有所聞。

所以，圖方便、貪便宜，皆不足取，聰明人不屑爲也。

善愁使人生病，心藥可醫；
善思使人生智，明志驗方。

「愁」字從「心」，此「心」常懷「秋」，愁滋味自會襲上心頭。對多愁善感的人來說，愁，雖非與生俱來，卻是習以爲常。然而，憂愁就像心理的病毒，只要你姑息牠們，牠們遲早會讓你倒下來！語云：心病還須心藥醫。心藥可以自己處方，不待外求。只要調劑得宜，一試不癒，久必除根。

善思與善愁不同。喜愛深思的人，他的思路，不是哲學範疇，就是科學領域；不是人生問題，就是天下大事。固然，思維用腦，用腦難免勞神。但思考勞神與愁滋味迥異。在思維過程中，容有治絲益棼之苦，但每有所悟，就會有打開一個死結般的快慰。

多愁使人生病，善思使人生智。而且，善思還是明志的驗方，從思維中明辨是非、利害，確定人生的大方向，其積極的意義不在話下。

木訥的人頭腦冷靜；浮誇的人四肢發達。

直覺上，不善詞令、反應遲鈍的人，必是傻瓜蛋、呆頭鵝。其實，他很可能是異於常人的冷靜。凡事未經思考，絕不輕意發言，也不隨便表態。他是不折不扣的穩健派。

表面上，能言善道、鋒芒畢露的人，未必是真才實學的幹練之士，反而很可能是個虛有其表、好大喜功的傢伙。這種人，只愛虛榮不重實務，他是道道地地的浮誇派。

同情別人，不如幫助別人；施人以財，何如授人一技？

光是同情別人不幸的遭遇，無補實際，倒不如就能力所及，給予適時適切的幫助。

對需要幫助的人，施以金錢上的小惠，怎能比得上教人可以終生受用的一技之長呢？

西諺有云：給人魚吃，不如教他如何捕魚。這個世界需要幫助的人很多，「雪中送炭」是時效所迫，應該立即行動。至於不屬於急迫的情況，還是「助人自助」方爲上策。

人貧不畏橫逆，自有發跡之日；人富不違仁厚，必能澤被子孫。

人在窮困的環境中，能安貧樂道，固然值得稱道。但安貧不應是意志消沉，而是貧不逾矩、貧而有守才對。

然而，這畢竟是消極的安貧。應該像林肯所說的：窮是一條鞭子。越是貧無立錐之地，愈要振作精神、發奮圖强。能夠不畏橫逆，才能戰勝橫逆；能夠戰勝橫逆，就有發跡的一天。

人在富貴中，待人要仁慈寬厚。常常幫助境遇不好的人；多多造福社會大衆。即使未能立即得到社會的回饋，子孫後代仍將享受德澤的餘蔭。

儘管很多人爲善不欲人知，然而，種善「因」總是希望有善「果」。富而仁厚、澤被子孫，這善有善報的因果關係，不是一點就破了嗎？

香腮兩朵霞，人人誇妳美嬌娃；
粉面一層霜，人人咒她似晚娘。

妳若是個樸素大方的少女，兩頰上經常掛著美麗的笑靨，人人都會由衷地讚賞妳，是個人見人愛的大美人兒。

另外一個打扮入時的少女，臉上老像覆著一層冷冷地霜雪，人人都會咒詛她，是個不折不扣地「晚娘相」。

機運譬作紅綠燈，順與不順一秒鐘。機會來時要把握，躊躇一秒就落空。

人生的機運，可以譬作馬路的紅綠燈號，紅燈綠燈的變換更替，有時就在一瞬之間。駕駛人行車順與不順，也往往只是一秒之差。

好運來時，就如同駕駛人來到十字路口，適逢綠燈還亮，如能把握那寶貴的一秒鐘，就可順利「過關」。否則，就必須立即煞車，等待下一個燈號的變換。

人在一生當中，可能有幾次好運。但好運與壞運卻不像紅綠燈那樣周而復始的定準循環。所以，時來運轉的時候，能否把握機會、創造人生，那就要看當事者的睿智與果斷了。

啓發教育在潛移，感化教育重默化。誘導教育旁引側證，懲罰教育本乎愛心。

啓發性的教育，是以旁敲側擊的方式，以激發人性的良知，改正其人格發展的偏差。感化教育，則著重仁德的佈施，並以關懷、照顧爲起點，以化除其反社會、反倫理的暴戾之氣。

那誘導教育，須視人性如水性，探本溯源、因勢利導，使其行徑由危險性變爲安全性；使其心態由負面轉化爲正面，從而鞏固其人格發展的正確取向。至於懲罰教育，有人譏爲「落伍」的教育方式，事實上懲罰教育對乖張成性者，有其儆戒作用，只要本乎愛心，就能把持分寸，也能使受懲者知所畏服。

婚前貴相知，
婚後重默契。
只朋友之緣勿輕嫁；
有夫妻之份早迎娶。

婚姻乃終生大事，古今中外，無人不作如是觀。

由於婚姻美滿與否，關係夫妻和子女全家的幸福。所以，婚姻大事不可視同兒戲。要避免婚姻失敗，就要有正確的婚姻觀。結婚之前，貴乎相知，多瞭解一分，就多一分成功的或然率。一旦結了婚，就要建立互助互諒互信的三信心。男主外女主內固然不錯，內外不分，共同負責亦無不妥。但無論如何，默契至爲重要，能有良好的默契，才可避免任何不必要的磨擦。夫妻恩愛逾恆，何須艷羨神仙家庭！

然而，婚前能相知，婚後能默契。並非每一對戀人都能把握這一幸福之鑰。問題往往還在明明沒有信心，却非要勉强一試，這就是所謂「愛昏

了頭」。等到結了婚，才頭腦清醒，原來勉強「湊和」，竟是這麼痛苦！有人說：「結婚是戀愛的墳墓。」問題就出在這兒。

要避免結了婚又鬧分手，戀愛中的男女，要冷靜評估一下，「我們究竟只是朋友的緣份，還是的確有夫妻之緣？」答案如果是爲後者，那麼，就大膽的嫁娶吧！或曰：「戀愛原本就是盲目的。」上那兒去找正確的答案?其實，戀愛的盲點就在太直覺了。如果，以「心」代「眼」，就能廓清這個盲點，知道你（妳）欣賞的不等於是適合你（妳）的，你（妳）必須理性的，把重點擺在後者。

害人之心不可居；防人之心不可彰。

每個人都不希望被人指爲壞人，既然無人願以壞人自命，照理說，任誰都不該懷有害人之心。

然而，世事都是相對的，有所謂好人，就一定有所謂壞人。品性極壞的人同樣也愛面子，但他爲非作歹的劣根性，卻是根深蒂固永難拔除。因此，循規蹈矩的人，一方面要處處與人爲善，另一方面，也要隨時警惕人心的陰惡。不過，防人之心不宜明顯地表露出來，否則，好朋友也會變成陌路人。

遭遇災難的人，必知如何防災；曾經挫折的人，不致重蹈覆轍。

語云：不經一事，不長一智。大凡曾親身經歷過災難的人，必然知道如何未雨綢繆、防患未然。即使無從預防，當災難來臨時，也能沉著應變，使災害減到最低程度。

一般而言，凡是遭遇挫折的人，都比較老練成熟、穩健踏實。除非他未能從失敗中得到教訓，否則，不致重蹈覆轍。

菜根人生 166

指人歪哥，自家未必正直；滿口仁義，也許男盜女娼。

以貶人來達到褒己的目的，是慣見的小人嘴臉。大凡喜歡諷刺別人「歪哥」的人，他本身很可能就是行爲不端的痞子。

有的人，滿口仁義道德，卻專從事男盜女娼的勾當。那掛在嘴邊的「仁義道德」，其實是僞君子的障眼法。這和「掛羊頭賣狗肉」的作風如出一轍。有心人只要隨時對照他的言行，就不難揪出他的狐狸尾巴。

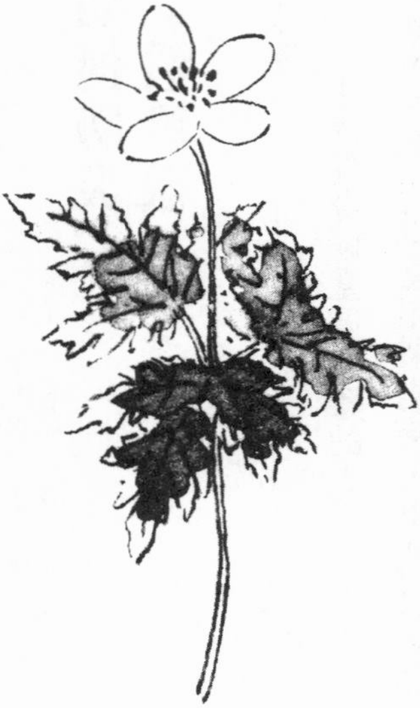

私心重的人言行不一；醋勁大的人用情不專。

過於自私的人，凡事都以主觀利益爲是非取捨的標準。即使已經鄭重承諾的事，一旦發覺與自身的利益略有衝突，就會公然背信。要不然就是食言不宣。信義之於他，只有在利益平行時才會被尊重。

很愛「吃醋」的人，不但多疑善妒，而且具有強烈的報復心理。有這種心理病態的人，無理取鬧還是小事，猶有甚者，表面冷靜，暗中卻藉勾搭異性以爲報復。所以，太會「吃醋」的人，絕不是愛情專一的好對象。

走在矮簷下，怎可不低頭；
來到台階前，何須再折腰？

處世的要訣之一，就是適應環境。假如沒有適應環境的能力，就會遭到環境的壓迫和排斥。譬如，走在矮簷下，不得不低頭。低頭不是屈服，而是適應。只低一下頭，就可順利地通過矮簷而登堂入室，何樂而不爲？否則，不但難窺堂奧，還會碰得鼻青臉腫，聰明人怎可如此？

人生處遇無常，當一個人來到一層層的台階前，就很自然地抬頭挺胸、步步登高。這個時候，就沒有再低頭折腰的必要了。否則，眼光短視，還真像磕頭蟲一般的令人發噱！

菜根人生 169

物必自腐而後蟲生；
人必自輕而後人侮。

任何物質，都是先自腐敗而後生蟲。否則，即使有蟲，也是外在的，只要略加防範，就不致危害它的本質。

人若自重，就不會被人輕視。如果自己不知自愛，那是自輕自賤，不但得不到別人的尊敬，反而必然處處遭人冷眼、受人侮慢。

惡犬愛啃膽小者的腳踝；閻王專索怕死者的性命。

一個人越是膽小，那惡犬越愛偷襲他的腳踝；一個人越是怕死，「閻羅王」就專愛把他從「陽間」拉到「陰間」。

準此引喻，越是缺乏信心的人，越容易遭受環境的壓力；越是怕受打擊的人，越難擺脫失敗的命運。

鄉愚無恥，是教化不足；書生敗德，是劣根性深。

讀書不多或目不識丁而做出不知羞恥的事，那是由於家庭和社會，未能給他良好的道德示範。所以他的不知羞恥，並不表示本質必有問題。

假如受過完整教育的讀書人，竟然言行下流，那就無疑是本質的問題了。對於劣根性太深的知識份子，只有伸張社會公義才能使其知所警惕。

試想：一個滿腹學問的人，因不能見容於社會而到處碰壁，難獲一枝之棲，該是何等沉重的打擊！

多人一錢，不如多人一技；長人一歲，不如長人一智。

拜金主義者，肯定金錢萬能。其實，金錢即使能役鬼神，仍不可謂爲萬能。因爲，金錢在缺乏相對條件時，就無用武之地。譬如說，兩個人同時被猛獸追逐到一處河邊，無錢而善泳者，可以從容地游水逃生，而那有錢却不諳水性者，便只有望河興歎、坐以待斃了！由此可見，多人一錢不如多人一技。何況，有一技之長就能賺錢；一無所長，即使腰纏萬貫，一旦金去財盡，仍將潦倒不堪。

通常年長的人，總是受人尊敬。然而，徒恃年長而倚老賣老，那就十分無趣。因爲，中國人畢竟尊賢勝於敬老。同一時代的人，更應有長人一歲不如長人一智的想法，才能朝夕惕勵，智歲同進。

學而不用，如同俠客封劍；用而不學，徒歎汲長綆短。

求學問，目的在學以致用。如果滿腹經綸無處施展，那又何異俠客封存了寶劍而單憑拳腳工夫去打天下了。

反過來說，有充分發揮所學的機會，但只知「現貨出清」，不會繼續充實。那麼，當學問不足以應付實際需要時，就只能徒興綆短汲長之歎了。

有感覺才知冷暖；有比較方有好壞。

人體對氣溫的反應因人而殊，有人叫「冷」，或許就有人說「熱」。因此，冷與熱往往是出於主觀的生理反應，並無絕對的標準。

那好與壞，也非有相對條件不能產生價值判斷。換句話說，有好才知有壞；有美才知有醜；有善才知有惡。如果沒有相對的比較，也就無所謂好壞、美醜與善惡。

例如：當年共產波蘭人民反共情緒特別激烈。那是因爲他們最先透過新聞媒體，看到鐵幕以外的世界。而中國大陸由於中共有效地封閉了三十年，所以，過去大陸同胞絕大多數對自由世界民主自由的真實情況十分隔膜。是以，儘管他們的處境極爲悲慘，但由於無從比較，便認爲被奴役壓迫是理所當然的事。直到進入九〇年代，中國大陸人民才普遍覺醒，並且以實際行動，表達不滿和進行抗爭。

事業受挫，尚可東山再起；婚姻失敗，畢生難有幸福。

一個人事業受挫，仍可從頭幹起。所謂失敗爲成功之母。有一次失敗，就獲得一次教訓，也就增加一分成熟。所以，古今成就非凡的人，幾乎都有過失敗的經驗。

然而，在婚姻方面，失敗就具有絕對的悲劇性。

一次失敗的婚姻，也許能獲得某些人生啓示。但精神上的創傷，則可能永難平復。

不能好聚又不能好散，固然非常痛苦；有了孩子再分手，大人悲哀小孩無辜受害；還有那多疑、易怒、失落、悲觀、脆弱、自暴自棄等後遺症，更是如影隨形，揮之不去，因此，婚姻只要第一次失敗，終其一生很難撫平心理上的創傷！

以德報怨，必有餘慶；以怨報德，必有報應。

以仁慈的心胸，對待不忠不義的人，也許會產生姑息養奸的後果。但以寬宏的襟懷，原諒那偶然傷害到自己的人，很可能會使對方終生抱愧而亟思感恩圖報。況且，如此恕道的人，必然廣受尊敬，這豈是刻意沽名釣譽的人，所能望其項背？

一個人如果忘恩負義，甚至恩將仇報，那就真個禽獸不如。這種人，固然會令施恩行仁的人爲之心寒，而冷眼旁觀者，又焉能不起戒心？如果人人見鬼神而遠之，那他不就是得到報應了嗎？

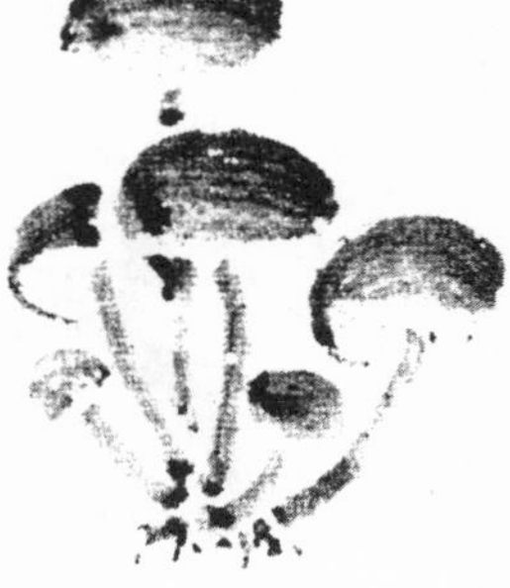

先賢推崇三種人，友直友諒友多聞。若要問我誰優先，寧捨諒聞取直人。

孔夫子特別推崇三種人，那就是正直的人、厚道的人和見多識廣的人。他並且鼓勵門生，要多和這三種人交朋友。

「直」、「諒」、「多聞」三者得而兼之，是社會上少有的俊賢。有學問的人，未必道德素養亦高。而待人寬厚的人，也未必爲人正直。如果有人要問：那麼選擇朋友，是什麼樣的人，應該列爲優先呢？要回答這個問題，如果强調優先順序，不免流於偏執。其實，能和「直」、「諒」、「多聞」任何一種人交往，都有益處。不過，假如只能選擇其一的話，那就寧肯捨棄重恕道和有見識的人而和正直的人肝膽相照吧！

家畜易馴，野獸難養；外寇易禦，內奸難防。

家畜代代受主人飼養照顧，已失去原始的野性。所以，性情上都變得相當溫馴。而那野生動物，一向奔放不羈，也能適應弱肉强食的自然法則。所以，把野獸當作家畜來豢養，往往會發生意外的危險，不可輕意嘗試。

外寇入侵，容易激起同仇敵愾，只要登高一呼，就能如響斯應、一致對外。但內奸家賊，雖然包藏禍心，却都僞裝忠良，平時無人起疑，等到陰謀暴露，很可能已經造成了重大的破壞和損失！所以，防外寇易，防內奸難，光是提高警覺，恐怕還嫌不夠。

無狗不吃葷，
是貓皆愛腥。
江山易改秉性難移，
擇友用人不可不慎。

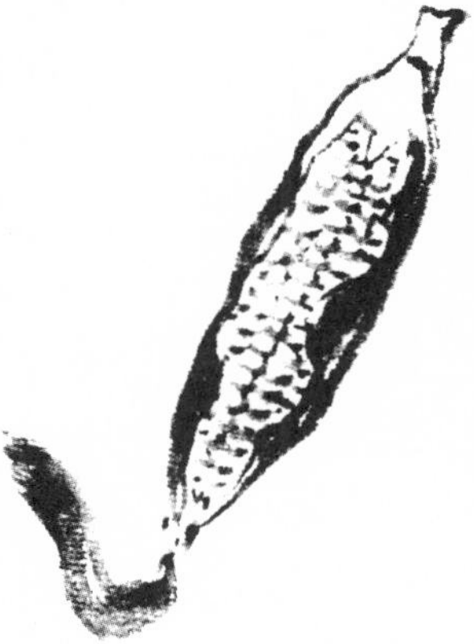

狗愛吃肉，貓愛吃魚，都與天性有關。有人貪財，有人愛色。有人忠厚，有人刁鑽。有人內向，有人外向。……不同的性格，似乎可以顯示不同的教化和修養。其實，八成還是本質和天性上的差異。如果本質上有著太多的劣根性，誰也無法幫他連根拔除。

語云：江山易改，秉性難移。擇友用人，都要慎之於始。

菜根人生 180

自詡不凡的人最愚蠢；自視過高的人最膚淺。

慣於自我吹捧、到處沽名釣譽的人，正應了「王婆賣瓜，自賣自誇」那句話。不但效果適得其反，更可能被嗤之以鼻。真正有才情的人，會借重別人的口碑，所謂「有麝自來香」，名聲何須自己去刻意營造？

另一種人和前者不同，他是以矮化別人來抬舉自己。批評別人尖酸刻薄、毫不留情；每有議論，恆「先聲奪人」，語驚四座。但這種人雄辯滔滔，容有一得一見，但，只從風度上看，已經是膚淺不堪了。

山不在高有仙則名；人不在高有權則尊。

山的高低並不重要，只要盛傳發現仙跡，就能一夜之間成爲名山。人有學問，不一定受人仰慕，只要大權在握，就會顯得特別尊榮。然而，凡是過份熱衷權勢的人，都會目空一切，並且很容易爲小人所包圍。所以，權勢能使人腐化，也能使人迷失。真正做大事的人，多能保持平民心態。能夠保持平民心態的「大人物」，才不失爲平凡中的偉大。

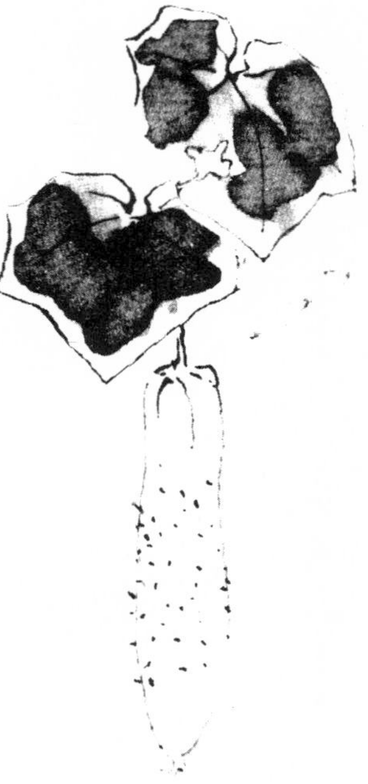

人有喜慶，不妨錦上添花；
人有不幸，更應雪裏送炭。

碰上親友、同事家有喜慶，不妨錦上添花，帶著賀儀，前往祝賀一番，縱有攀附權貴之嫌，倒也無傷大雅。

遇到有人遭逢不幸，就更應雪裏送炭以示關愛。這種純真的情意，才是最最難能可貴。如果只會錦上添花，從不雪裏送炭，其心可鄙，其人格自有可疵之處。

澗深水自藍；知深愛自堅。

澗水越深，顏色越藍。常常接近大自然的人，對那深湛碧藍的澗水，都會印象特別深刻。

男女戀愛貴乎相知，瞭解愈深，愛情愈益强固。那一見鍾情式的戀愛，爲什麼熱得快，冷得也快！原因是相知不深，脆弱的感情，自然經不起考驗。若是彼此由相知而相戀，再由相戀而加深瞭解，那麼，第三者即使蓄意介入，也不可能發生破壞作用。

兼聽則聰，兼視則明。專心必精，專行必功。

凡事多聽聽不同的意見，必能有助於是非的判斷；凡事能多從不同的角度去觀察，就不致產生主觀的錯覺。

任何學問，只要專心一志的去研究，必能精益求精；任何工作或任務，只要貫徹力行，一定可以圓滿達成。

眞金不怕火，愈煉愈純；眞理不怕辯，愈辯愈明。

語云：真金不怕火。誠然，黃金是愈燒愈純，愈煉愈精。引伸言之，强人不怕磨。有骨氣的人，受的屈辱愈多，愈能表現其堅忍的志操；受的打擊愈重，愈能發揚其生命的光輝。

真金不怕火，真理也不怕辯。凡事都有一個公認的是非標準。個別或少數人的主張，往往因利害關係而流於主觀，多數人認同的是非事理，那就「雖不中不遠矣」。所謂「公道自在人心」，只要言路大開，真理自會愈辯愈明。

善言的人，言簡而意賅；善文的人，文樸而義精。

會說話的人，言語簡明扼要，但其所欲表達的意念，卻能週延詳備，使人聽了，立即獲得一個清晰而完整的概念，既不致發生誤會，也用不著再質疑。

文章寫得好的人，不會專在詞藻章句上下功夫。他的文章樸實無華，但其含義卻廣博精深，常能發人深省、引起共鳴。

人心持平無怨聲；海水滿潮無濤音。

語云：不平則鳴。凡事，大家都認爲公平合理，就很少會怨聲載道了。

海水在滿潮的時候，聽不到萬馬奔騰的拍岸濤音。因爲，潮水已經漲到了飽和點，海風再也湧不起巨大的浪花。社會心理也是一樣，如果要爭的利益，已經到了盡頭，就没有人想再嚷嚷了。即使硬要無理取鬧，也因理不直氣不壯而難以造勢！

想吃豆要早播種；想成功要快苦幹。

農夫想要吃豆，就必須及早播種。天下没有不勞而獲的道理。如果，不播種而能吃到豆子，那必是已付出耕耘、播種以外的代價。

青年人要想闖出一番事業，就得趁年富力强、活力充沛的時候，努力苦幹。唯有快幹、實幹、硬幹、苦幹，才能早日摘到成功的果實。否則，只有看著別人捷足先登而徒呼負負了！

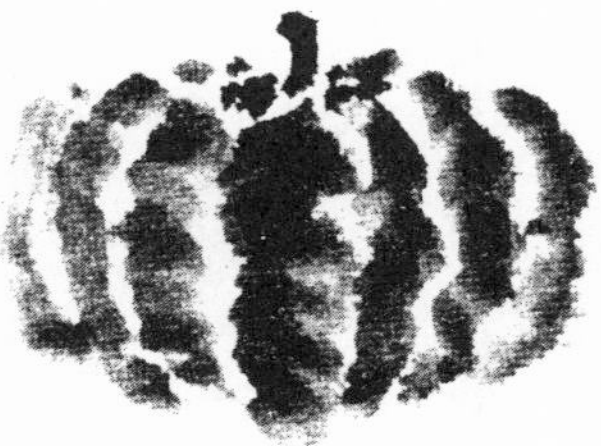

人慾似水，水宜導不宜堵；獸慾如火，火宜澆不宜煽。

人的慾望可以比作水，水要因勢利導，不宜圍堵阻截。禹治水能成功，是因他深知水性，而他的老爸鯀，却因一味圍堵，以致水患頻仍、民不聊生。與水性相若的人慾，也只有疏源導流，才是根本兼治之道。（或曰：現代人興建水庫，正是以壩攔水，顯與此說矛盾。其實，水庫攔水亦重調節，而水利渠道，更是因勢利導的最佳寫照。）

獸慾可以比作火，火要用水去澆潑，絕不可有意無意與地去煽風。因爲，以水澆潑，可使之勢移，可使之熄滅。現代傳播媒體慣以「滅火」爲名而行「煽風」之實，那就必然助長兇焰而成燎原之勢。

200

海潮有漲有落，時運有濟有舛。船逢高潮易擱淺；人處逆境堪自强。

海洋的潮汐漲退循環，人生的運勢或順或逆亦起落無常。順遂之後有拂逆；「否極」必然會「泰來」。

然而，天道有循環，人生有盲點。即如潮漲潮退那麼有規律，航行或傍岸的船隻，卻往往因爲高潮時疏於警覺而導致擱淺。

人在逆境中，也就是時乖運舛的那段日子，不但事事不順遂，甚且動輒得咎。但是，人生在困頓拂逆中，爲環境所迫，不得不力爭上游，自立自强，也才能領會自助人助的真諦。換言之，如果自己沒有面對橫逆的信心和勇氣，有誰情願伸出無謂的援手？

有所爲，有所不爲，概本乎原則；有所取，有所不取，必合乎義理。

大丈夫爲人處世，必然有爲有守。該做的，就會勇往直前；不該做的，絕不唐突冒失。不管他是有所爲或是有所不爲，一概本乎擇善固執的良知和責任。

君子對於義利之辨，向極嚴謹。應該勇於擔當的固能「當仁不讓」。應該屬於他的權宜，他會毫不猶豫地加以維護；不應該屬於他的，他更一絲不苟、一介不取。不論他是有所取，或是有所不取，總要合乎道義和情理。

風姿捨禮儀不優；
氣宇缺學養不雅。

一個女人，不論體態容貌如何嬌俏，如果缺乏禮儀的素養，就不可能襯托出嫻雅的氣質。

一個男人，不論儀容舉止如何英俊瀟灑，如果缺乏良好的學識和修養，就無法表現出斯文儒雅的深度。

權宜不違原則，不亂；近利兼顧遠益，不悔。

爲了達到某種目的，權宜之計，有時不僅是必要的，也是無可避免的。但權宜如不違背原則，就不致亂了方寸，失了常軌。

近利往往就是小進，遠利才是大賺。所以，有眼光有定力的人，應不致只顧眼前的小利小益，而無視長遠的大利大益。必如此，將來才不致懊悔當初的失算。

海鷗飛處可撒網；不見兔子莫放鷹。

在海鷗聚集頡頏的海面上，一定會有魚羣的游踪，在那個範圍撒網，絕不致徒勞無功。

獵人到山中去捕捉野兔，並不是盲目放鷹，要鷹去碰碰運氣。而是先把兔子從草叢裏趕出來，等看到兔子驚慌奔跑，及時將鷹放出，就會爪到擒來，毫不費力。

吾人不論從事商業投資，或是致力政治外交，甚至研究兵略戰術，都得具有見機與制機的眼力與果斷，才能劍及履及，穩操勝算。

人無小疾，大疾不治；國無小難，大難必亡。

語云：健康就是財富。一個人終其一生，大病小病全都絕緣，該是何等幸運。但，經驗告訴我們，除了少數的例外，絕大多數的人，都無法健康長壽而又無疾而終。有的人，大病不犯，小病不斷；有的人，從不生病卻一病不起。當然，身體健壯的人不易生病，只有體質較弱的人才常有病痛。可是，從不生病的人，自恃强壯，就不大珍惜自己的健康。相反地，常有小病的人，平時特別注意衞生保健。所以，小病雖然難免，大病卻不致猝然而發。

國家常處太平盛世，固爲人民之福。但歷史告訴我們，國無小難（去聲）大難必亡。因爲，長治久安，人民耽於逸樂，軍隊全無鬥志，一旦國難當頭，全國上下就會驚慌失措、未戰先敗。

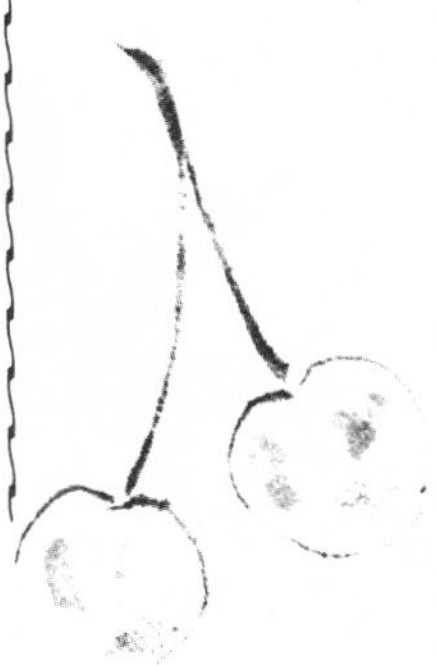

不怕跑得慢，只怕站著看；不怕比人笨，就怕心不專。

人生宛如馬拉松長跑，有人跑得慢，但能全力以赴；有人速度快，但卻忘我地置身局外。最後誰是勝利者，那龜兔賽跑的童話故事，便是最好的說明。

聰明、愚鈍生而有別。天賦資秉不如人，倒不一定是真正的致命傷。最怕缺乏毅力、韌性，那就註定一事無成。

以責人之心自省，少犯錯；以體己之心恕人，鮮結怨。

人皆有護短的毛病。假如能以責備別人的心，來反躬自省，那就必能減少犯錯的可能性。

人皆有體諒自己的心，但若能以體諒自己的心腸去寬諒別人，就會處處與人爲善而絕少樹敵結怨了。

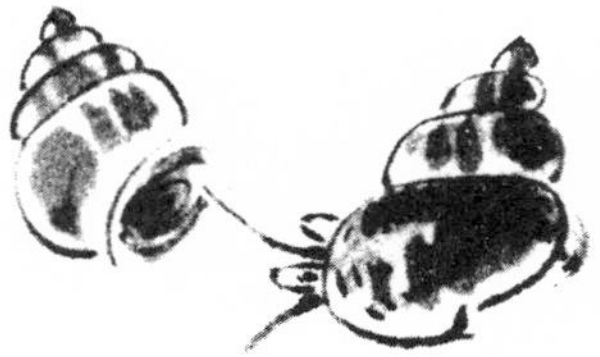

兩個人就有磨擦，三個人就有猜忌，五個人就會意見分歧，十個人就會產生派性。

造物者對人的塑造堪稱一絕，每個人的五官四肢，全都是同樣簡單的「零件」所組成，但舉世五十幾億人口，竟沒有兩個人的相貌完全相同，即如孿生兄弟、姊妹亦不例外。更妙的是人類的指紋，不要說是五十億，即使繁衍到五千億，依然不會有兩個人的指紋完全相同。

人的相貌、指紋各有特徵，人的個性亦各不相同。因此，只要兩個人生活或工作在一起，就會偶有磨擦（身體的磨擦和心理的磨擦）。三個人以上就會產生猜忌和嫌隙。五個人以上，就常因共識問題而鬧得不愉快。十個人以上，更會因利害關係產生派性。由此可見，小自家庭和諧，大至舉國團結，是多麼不容易。但社會心理學家却能找出問題的癥結，那就是

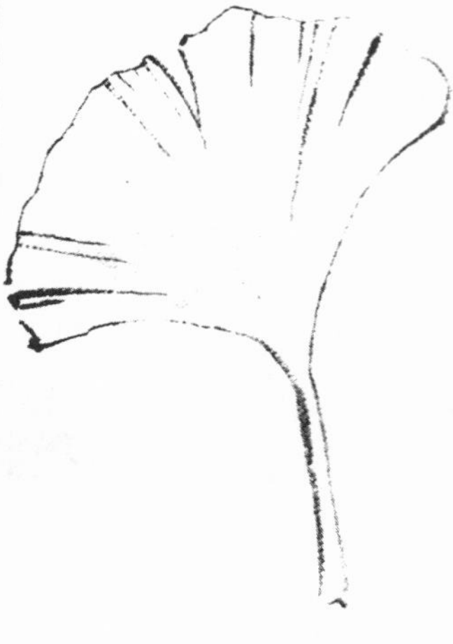

菜根人生 198

萬般情結存乎一心。只要夫妻互信互諒，手足兄友弟恭，鄰居互相關懷，社會就會一片祥和。換言之，人人都能多爲別人設想；個個都肯先公後私，家庭、社會沒有內憂，外患也就無機可趁。

惇者之言保留三分；狡者之言七分存疑。

人，有善惡、美麗、賢愚之分，但沒有一個不會說謊。

說謊，君子恥之。爲人父母師長者，更是諄諄誥誡，要後生晚輩不要說謊，儘管尊長們都會說謊。

其實，說謊並非絕對要不得，就像誠實也要看對象一樣。譬如說，小孩子在陌生人面前，把家裏的一切具實以告，是不是會招災惹禍？兄弟鬩牆、夫婦房事不諧，能夠逢人實說嗎？身爲軍人、公職人員，怎能把國家機密任意外洩？由此可知，愚誠不謂忠，不違良知天理的說謊，倒也無損人格。

通常一個無心欺騙的人，往往基於維護隱私，也會言不由衷。因此，對忠厚老實人的話，其可信度，不妨也保留三分「姑妄聽之」。

一般人對好大喜功者頗不欣賞，說這種人「見人說人話，見鬼說鬼話」。以賣弄聰明、習尚「厚黑」自鳴得意。但這種人自暴其短，較易引起鄙夷，反倒不是最危險的人物。最值得小心的，是貌似忠厚、內藏奸詐的人。這種人只重利害、不顧信義，但卻有長袖善舞的本領。對這種人，君子還能敬而遠之，閱人不深者，則極易受騙上當。一個最樸拙的訣竅，就是對交薄識淺者的話，應先揣摩其動機，苟爲有心之言，不妨七分存疑，非經旁敲側擊，信而有徵，絕不輕意有所承諾。必如此，就不致爲其巧言令色所迷惑了。

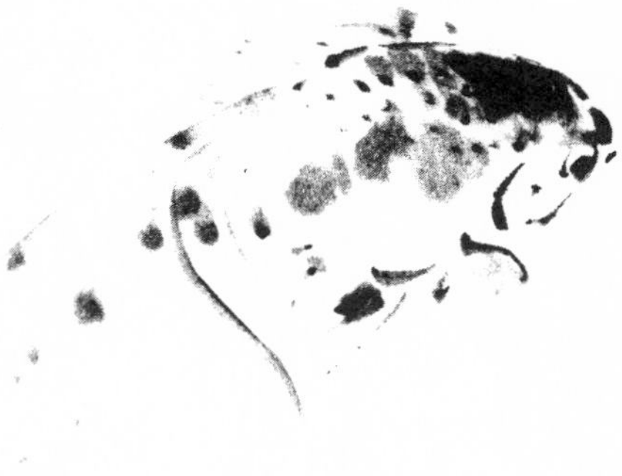

靈貓只捉笨鼠，猛虎獨鍾老鹿。
紅鮭最是剛健，海龜顧全大我。

機伶的貓最長於「伏擊」，但也只能捉到反應遲鈍的笨老鼠，對那些警覺性很高的小精靈，則很難爪到擒來。既然捉不到，當然也就吃不到囉！

飢餓的老虎最爲兇猛，但不論多麼兇猛的老虎，想要捉隻年輕矯健的鹿並不簡單。除非羣虎圍獵，通常所能捕捉到的，都是些老弱的鹿。

物競天擇，優勝劣敗。這個法則，早經印證於蠻荒原野的自然生態。但誰能否認，它也適用於人類今日和明天的文明社會？

不過，從人性的出發點來看自然生態，要數鮭魚的生命歷程最爲感人。

例如，西太平洋流域的紅鮭魚，在產地成長三個月，就得順著河流游向大洋，三年後又要回游出生地去產卵。在漫長的回游過程，愈到最後階段愈爲艱苦。牠們僅憑著一股「剛健」精神溯流而上，經過無數險阻，一再地和湍流激瀑「搏鬥」。有的躍上短瀑又被沖下；有的衝上崖石，摔得鱗損鰭傷。但牠們只知前進，絕不退縮，最後能夠到達目的地的，縱然只是極少數，而這些完成生命逆旅的幸運者，於產卵授精之後，便幽然自得地等待死亡。因爲，牠們終於通過了優生強種的無情考驗，達成了創造繼起的新生命的神聖使命，死有何憾？

海龜每年也在固定的地方產卵。龜卵雖是深埋在沙堆之下，但在孵化期中，仍不免被土狼、野狗掠食過半。剩下的，等到小海龜破蛋而出，一齊奔向大海的時候，又會遭到金鷹的無情攻擊。但小海龜既不畏縮也不逃避，個個爭先恐後，奮勇直前。牠們要以數量換取時間，也就是以犧牲小我，來爭取十分之一，甚至百分之一的或然率。能有百分之一的同胞兄弟進入大海，海龜家族就不愁繁衍綿延、生生不息。小海龜如此無私忘我，是多麼令人感動而又發人深省的啊！

仁愛是佈施亦是投資。情愛是感性亦要理性。

無私的愛是謂仁愛，因此，有人説愛是施不是求，亦不是投資。然而，世事因果循環、歷歷不爽。凡是基於仁德而付出愛心的人，固多不望回報，但受恩者却多知投桃報李以求心安。若以回饋社會，間接報答恩情，豈不成了更有意義的「投資報償」。

台灣省桃園縣的內壢鄉，有位平凡而偉大的傳奇人物，名叫朱添福。他在台灣光復初期，舉家到台東去謀生，不幸流落異鄉、貧病交迫，妻小三餐不繼，處境十分窘迫。所幸，新聞界先進楚崧秋先生暨救國團、警務處，均及時伸出援手，先將朱添福送進台大醫院，隨後協助朱的妻小搬到台北市，暫時就近安頓，以便照顧病重的朱添福。在社會溫情的撫慰下，朱氏迅速康復，並努力振作，重新出發。十年後，叩土地改革與工業起飛之賜，朱家由赤貧而小康，再一躍而爲富戶。他本諸飲水思源的情懷，全

心全力回饋社會。初則幫助失學少年，習得一技之長，繼則建造靈骨塔，收容無後遺骨。除此，還曾自力創辦「陋室隨筆」月刊，對數典忘祖、欺世盜名、主張分裂國土的異端分子，予以無情韃伐。「解嚴後」社會出現失序，他更僕僕風塵，到處化解暴戾之氣，苦口婆心規勸販夫走卒，勿因小惠被人利用走上街頭。由於澤心仁厚，大義凜然，鄉民多以「朱活佛」呼之。更令人驚奇的是，還有一度迷失的大學教授和受騙失身的大學女生，慕名前往萬神添福宮，請「朱活佛」見證、祈福，「洗盡污穢、重新做人」！由這一實例，充分證明仁者無敵，愛的「法力無邊」。

一般的情愛，是雙向的、感性的，也就是有放射必欲回收。所以，在情場上愛與恨往往糾纏不清。至於現代父母對子女的愛，雖然多不指望反哺回饋，但却常因溺愛而使子女恃寵而驕，不知上進，甚至放浪形骸、自甘墮落，所謂「驕子如殺子」，就是缺乏理性的愛有以致之。總而言之，泛愛不違仁，獨鍾不失理性，縱無反射、回饋，亦不致有所遺憾。

溫柔性格，恰似一張網，小可網住男人半顆心；長於烹飪，譬如一根繩，大可繩住男人兩條腿。

語云：有緣千里來相會，無緣對面不相逢。經由戀愛而結合的夫妻，雖不能說是緣定三生，起碼是「王八看綠豆，對了眼啦！」（此諺不雅，但極傳神。）所以，夫妻婚後仍應卿卿我我恩愛如恆才是。

但事實上，一百對夫婦當中，真正幸福美滿的不及十。而百分之七十的夫妻，是存著「不滿意但也難以割捨」的宿命觀，或現實考量，以維繫婚姻關係於不墜。另外百分之二十，則常常陷於「冷戰」的困境或「彈指即破」的危機。

「冷戰」與「危機」的形成，因素固多。若要第三者主持公道，那麼「公說公有理，婆說婆有理」。究竟誰有理，不要說「清官難斷家務事。」就連當事人兩造，捫心自問，也難免有「打糊塗仗」的感覺。

撇開平權主義，有兩項法寶最具「魔力」，太太們不妨放下身段試而驗之。

第一是溫柔體貼，男人生性「吃軟不吃硬」，假如妻子能處處表現溫柔體貼，那就恰似擁有一張網，至少使他不致昧著良心，了無牽掛地向外發展。此外，男人都是美食者，如果太太善於理家及長於烹飪，每餐都有營養、衛生而又可口的菜飯上桌，那就好比一根無形的繩索，足可牢牢地拴住丈夫兩條腿，不管他在那裏，到時候就會牽動著他趕回家來找東西吃。因爲，在外面吃不到經濟、衛生而又可口的飯菜，就會想到太太的溫柔、體貼而又能幹了。只要家花真比野花香，正常的男人豈會不知好歹？

（香，作美德解。）

使口不如使腿；
求人不如求己。
妒人不如學人；
認命不如拚命。

喜歡放言高論，不如力行實踐。否則，徒托空言，絕無成功的希望。求人要仰人鼻息，也要符合人家的利益。所以，求人不如反求諸己。當然，在條件不足的情況下，要自求多福，所付代價，往往數倍於權宜之計的借助於人。但那總比脖子上讓人套著索扣爲好。語云：長痛不如短痛。咬緊牙關，渡過眼前的困境，就能倒吃甘蔗漸入佳境。

有人見不得別人强過自己。事業不如人，終日牢騷滿腹，財富不如人，也會因妬生恨。這種反常心理，只能產生惡性的發酵作用，徒然自暴自棄、自毀自誤。如果能將嫉妒之心，轉化爲見賢思齊的志操，其結果便會完全不同。不僅可以袪除灰色的人生觀，更可由君子而成有爲有守的大

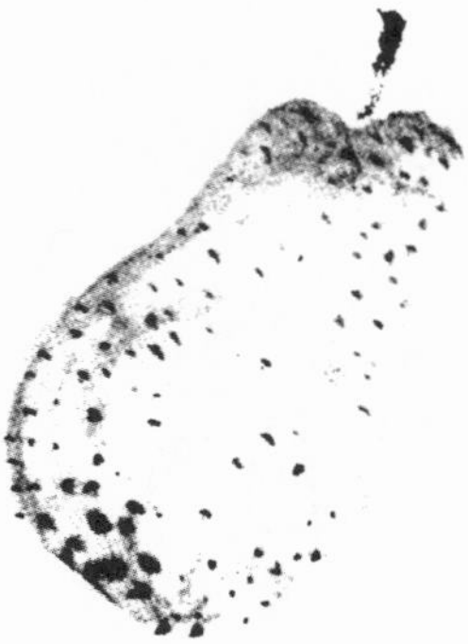

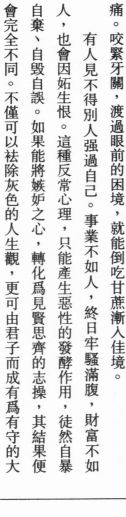

丈夫。

另外有些人，把一切不如意的事，悉皆歸咎命運。其實，命運可以支配人，人也可以改變命運。自古成大功立大業的人，大多出身寒微，命途多舛。但他們都有一顆發奮圖强、力爭上游的雄心。換句話說：別人「認命」，他們「拚命」。所以，卒能扭轉頹勢、改變命運，從而造就偉大的人格，建立不朽的功業，也爲自己的生命史，寫下光輝燦爛的一頁。

樹可百年常青，
人只十年好景。
女人三十勿再尋夢；
男人四十取向已定。

百年老樹，猶見枝葉繁茂、生氣盈然。而人呢？嚴格地說，一生不過十年好景！

現代人，普遍注重保健，人生百歲亦不謂奇。但青春美好的歲月，却只有十年光景而已。

女人，最珍惜的不是健康而是青春。女性花樣年華，始於「蘋果、桃」的年紀，但實際上，到了二十歲才算真正成熟。

一般而言，女人的生命力强，但青春的腳步也快。因此，女人追求幸福的美夢，要在十年之內實現。一過三十，春閨寂寞、春心盪漾，春夢真將不知何處去尋了！

男人，一生最重視的是事業前途。由於男人心身發育較爲遲緩，並且經過漫長的求學過程，還要服行義務兵役。等到退伍就業，一轉眼就是三十歲的人了。從三十歲到四十歲，是男人一生的黃金時代。如果在這十年當中，成家立業兩頭落空，那麼，往後的日子，可就不太樂觀了。

過了四十歲的男人，前程取向已定，遠景的好壞，也可看出端倪。聰明的男人，怎能不好好地把握那創機造勢而爲時不過十年的黃金歲月？

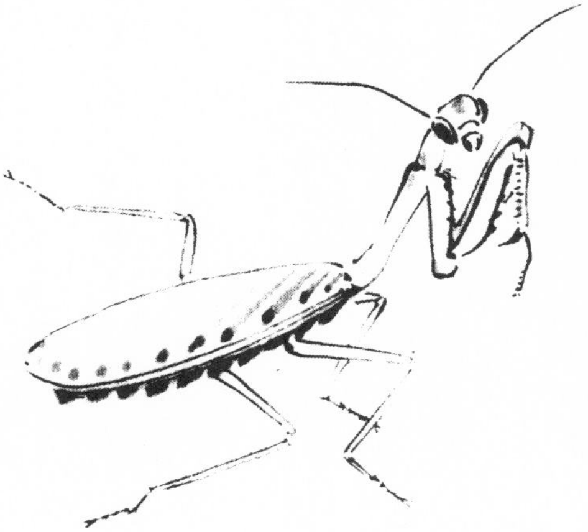

天上衆星皆拱北，地上無水不朝東。理直不亂扯；歪理扶不正。

天上所有的星星，全都拱托著那顆閃亮的北極星；我國中原的江河，沒有一條不是流向東方的汪洋大海。

藉此自然現象，以喻世事人情，很多道理便會一點就破。譬如說：理，若是平直的，就如同完整的絲束線紮，根本用不著再胡抽亂扯；理，若是歪曲的，就如同已經傾斜的柱子，任你大力支撐，仍然扶它不正。

明知虎山險，偏往虎山行——勇氣可嘉。不稔怒江湍，一逕怒江游——冒失可悲！

明明知道虎山因有猛虎出没而得名，偏偏要深入虎山一探究竟，局外人看來有些不可思議。其實，這樣的人通常是在有目標、有計劃的前提下付諸行動，要冒多大的危險，也已有了心理準備。因此，其勇氣值得稱讚。

根本就未曾察明那怒江的水流有多深多湍，只爲了逞强好勝而執意向那江心游去，如此冒失盲動，毫無疑問，一開始就註定是可悲的結局！

勇於負責者必忠；從善如流者必賢。

大凡做事認真，並能勇於擔當責任的人，必定是忠於職守的好公僕。有接受別人批評的雅量，也肯博採衆議的人，必然是均衡睿智、老謀深算的領導者。

古人有所謂求忠臣於孝子之門，當今社會盛行「老子孝順小子」，難怪不忠不義的人特多。在官場中，禮賢下士者有之，從善如流者鮮見。畢竟忠言逆耳，何況由於立足點與出發點之不同，「從善」與「清議」不免各有盲點！是以，有「從善如流」的雅量，還須兼具「擇善固執」的智慧和擔當，才不失爲俊傑。

菜根人生 208

酒傷人原是人自傷；錢害人也是人自害。

酒，雖有淡烈之分。如非假酒，就不會對人體有害。所以，飲酒不是壞事。偶而以酒會友，藉猜拳行令，吟歌賦詩，來增進友誼，反是人間雅事。但，凡事都應適可而止。不知節制的豪飲，必然酗酒亂性、招惹是非。人們對酒仙酒鬼俱無好感，其實過不在酒。酒不會强使人醉，是人自己不醉不歸，後果自然要自己負責。

錢，通貨的工具。有錢便可購得所需之物。因此，無分童叟人人愛錢。有人形容錢可通靈，「有錢能使鬼推磨」，足見錢的魔力不小。但，也正因爲人人「見錢眼開」，很多罪孽都惟錢是怪！其實，錢的本能是給人方便，它本身不會作怪，怪在人們巧取濫用。有人利用金錢引人入彀；有人用錢驅人犯法。至於狂嫖濫賭、花天酒地，以致身敗名裂、家破人亡，都是「錢發燒」。但，此非錢之過，是有錢人自作孽而已。

知識愈爆炸，人心愈險惡。
科技愈發達，公害愈嚴重。

現代人常説，這是個「知識爆炸」的時代。意即人類的知識領域，已從「點」、「面」昇華到「三度空間」。然而，可悲的是知識與道德不見齊頭並進。也就是説，知識固有助於提升人的才智，却未必能改變人格品質，裨益道德素養。相反地，對本性窳劣乖張者，適足藉豐富的知識而欺世盜名、鑽營舞弊，甚至作奸犯科，傷天害理。是以，「知識愈爆炸」，愈有人心惟危、道心惟微之憾。

今日科技一日千里，就在電視問世前，人在家中坐、大千入眼簾，簡直是痴人説夢。如今，登陸月球、遨遊太空，已可肯定不再是太空人的專利。世人拜科技之賜，享受了空前未有的物質文明，但同時也必須付出驚人的代價，此即所謂「天下没有白吃的午餐」，得失永遠是互爲因果的。如所共知，物質公害已夠惱人，其實，心理公害尤爲可慮。諸如「千面

人」下毒、簽賭彩券之風靡。股市「狂飆」、色情氾濫、暴力犯罪及離婚率之遽升，遂至所謂「鐵窗文化」，率皆物質文明、傳播科技日益發達的副產品。然而，只見有人大聲疾呼防治物質公害，完全無視心理公害，寧非失之偏頗？

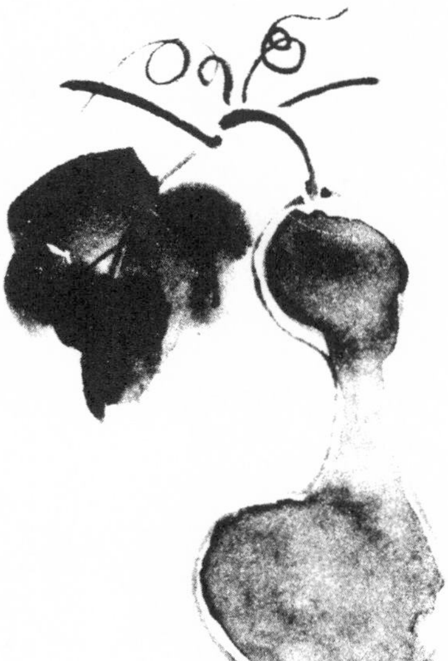

吠犬不咬人；直拳不傷人。

就習性而言，狗有兩種，一種是見到生人便叫，有時主人愈是制止，牠愈叫得厲害，十足地「狗仗人勢」。但這種狗儘管叫得很兇，實際上卻不過是虛張聲勢而已，當牠狂吠猛叫的時候，又那裏有嘴咬人？倒是表面安靜，見到生人也「不動聲色」，但卻一直緊盯著來客或過路人的狗最危險，通常都是趁人在毫無戒心之下，突然將人撲倒或在腳踝猛咬一口。

學過「功夫」的人，出招之前必先蓄勢。所謂「蓄勢」就是穩住「馬步」、收拳縮肘。如果沒有「蓄勢」，出拳不重、腳步不穩，沒有打到對手，可能反被借力使力、摔個鼻青臉腫。由此可知，喜歡揮舞拳頭、耀武揚威的人，既無足夠的實力，又易刺激對手知所戒備，這種人殊不足畏。最危險的人，既不亮拳，又不叫陣，但冷不防即來個致命的一擊，這才是真正不能掉以輕心的狠角色！

菜根人生 211

民氣即士氣。天命即民命。

民氣，簡單地說就是民心的向背，而軍隊的士氣，也必隨民氣而轉移。歷史證明「得民者昌，失民者亡」。從來就沒有一個不得民心的政權，能使軍隊維繫高昂的戰志於不墜。可見民氣爲士氣之母。

天命，即天道循環的氣運。當一國的氣運衰竭時，必然亂象百出；一個政權將垮時，必然衆叛親離、兵戎相見、生靈塗炭在所不免。反之，國運昌隆、政通人和，民氣凝聚士氣，相輔創機造勢。於是國力日盛、民生樂利，則人人自豪、萬邦欽慕，自是理所當然。

吃過苦的人，多知惜福；跌過跤的人，更會走路。

從苦難時代過來的人，一粥一飯都會覺得來處不易；在貧窮中掙扎過的人，一針一線也會愛惜使用。因爲，吃過苦的人，深知什麼是「苦」，對得來不易的幸福，自然特別珍惜。反之，生逢繁榮昌盛的時代，從小驕生慣養，不但衣食無虞，好吃好玩的東西，只要說得出，幾乎都能如願以償。他們聽不進長者述說往昔的艱辛，只一味和別人比奢侈浮華。古人說：富不過三代。原因就在福多不惜、守成不易。凡是任意踐踏幸福的人，都該知道苦難會在原地發芽，不久就會嚐到苦果！

從沒跌過跤的人，想像不到跌跤的滋味。美國公路既平又直，車禍發生率反而很高。而且，只要有車禍，幾乎都是車毀人亡。可見愈是康莊大道，愈易漫不經心。那曾經跌過跤的人，就會知道走路也有學問。引伸言之，人生逆旅小有挫折，更有助於成熟、穩健。

是非不明，多因感情用事；公義不張，不出利害關係。

人是感情的動物，如果不滲雜感情因素，在判斷是非時，就會比較公正，至少在心態上是客觀的。一旦牽涉私情，良知理性就被感情所蒙蔽，於是是非真相也就在有意無意中被扭曲。

感情固然能影響是非的辨別，而利害關係更能左右是非判斷的公正性。雖然，每個人都自詡「我心如秤」，但在利害衝突時，爲了現實利益，却往往昧著良心去偏袒理虧的一方，那怕原是寃家世仇。所以，在社交和公關兩方面，既要守正不阿，又能立於不敗之地，就得深諳廣結善緣和平衡利害關係的奧秘了！

醉眼觀景，越看越迷；醒眼觀人，越看越奇。

以惺忪的醉眼，觀賞大自然的景緻，會越看越朦朧；越看越撲朔迷離。最後，連自身也像處於太虛幻境之中。

以清明的眼光，觀察世人百態，就會越看越新奇，越看越有趣。有人驚奇，天下之大，竟沒有兩個完全相同的面孔，就連孿生兄弟姊妹，仔細對比，也有相異之處。其實，不僅人的面貌如此，人的性格也是如此。不過，要真正瞭解一個人很難，要維繫良好的羣己關係倒不難。只要肯爲別人設想，不吝惜關愛的眼神，就能輕而易舉地排除人與人之間那堵無形的牆。當然，基本上還在人人以誠相待，「爾虞我詐」的人際關係，不僅愈看愈奇而且會越看越可怕！

象雖巨大却畏鼠，一物必有一物剋；
螳螂捕蟬黃雀到，强中還有强中手。

象是陸地上的巨無霸，連那森林之王的獅子，也要懼牠三分。然而，偏偏那喜歡打洞的小老鼠，却能成爲象的剋星。如不細察，不免嘖嘖稱奇。誠然，老鼠天生膽小，見了大象常會嚇得吱吱驚叫，惟恐逃避不及，被牠踩成肉餅。然而，大象也最怕老鼠。因爲，只要小老鼠闖入牠的鼻管，就能使牠窒息而死！語云：一物剋一物。巨象畏鼠，雖然很夠諷刺，却可充分證明，自然界大欺小、小也能制大，萬物皆有天敵，絕無例外。

螳螂舞動「大刀」，常在弱小的昆蟲面前耀武揚威。可是，牠絕對料想不到，正當牠要對蟬發動攻擊的時候，却一下子變成黃雀的獵物！

做人不可夜郎自大，尤其不可恃强凌弱。「螳螂捕蟬黃雀在後」，就是最好的啓示。

藥不煎熬無療效；鐵不鍛鍊不成鋼。梅逢嚴冬花怒放；人處逆境須自强。

常識告訴我們，名貴的中藥，不經適度的煎熬過程，是不會發揮治病的藥效的。

鐵是鋼之母，但鐵需鍛鍊始能成鋼。否則，鐵永遠是鐵，好鐵也難魚目混珠、以鐵代鋼。

那梅花，枝幹清瘦却不畏霜雪，時逢嚴冬，花朵反而開得最艷、最盛。它象徵堅忍，也贏得尊敬。

人皆嚮往美好的境遇，但世路坎坷，人生難免遭遇逆境。而順逆之來，往往是周期循環，但若有寒梅的堅强，就必能勇敢地迎接橫逆。從而升華生命的光輝；開創人生的新境界！

十人十把號，不離樂譜才搭調；五兵一門砲，協同配合最重要。

「號」者吹奏的樂器也，俗稱喇叭。有人把意見分歧、步調不一，形容爲「一人一把號，各吹各的調」。但，就樂團演奏樂章而言，不同的喇叭，吹奏不同的音調，是很自然的事。問題就在是否全按樂譜吹奏，若然，就不會出現不搭調的情況。

五個戰士，共同操作一門大砲，雖然各司一事，但却必須協同配合，才能操作靈活、命中目標。否則，威力再强的大砲，也不可能發揮威力、殲敵致果。在軍中强調協同作戰，在行政機關或職業團體，也同樣需要表現團隊精神。單打獨鬥的時代已成過去，唯有羣策羣力、合作無間，才能發揮集體智慧和總體力量。畢竟團體的成敗與個人的榮辱是息息相關的，這樣的共識，是勝利、成功不可或缺的先決條件。

嫁錯老公一生悲哀；娶錯老婆兩代受害。

婚姻失敗，是人生一大不幸。但女人遇人不淑，終其一生，痛苦最深的，只她一人而已。因爲，女爲弱者，爲母則强。假使育有子女，而子女在慈母的呵護之下成長，還不算十分悲慘。

男人選錯了對象，受害之深，可能遠甚於前者。世人皆承認，每一傑出人物的背後，都有一位偉大的女性。如果，有作爲的男人，討了個壞老婆，不但家庭、事業黯淡無光，就連子女的教養，也會受到惡劣的影響。所謂「兩代受害」，絕非過甚其詞。

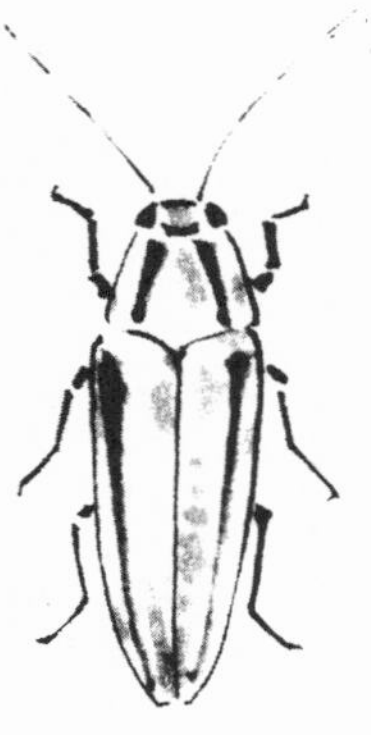

勤勞未必能發達，但可確保小康；節儉未必能致富，但能無虞匱乏。

勤勞，自古即被視爲一種美德。吃喝嫖賭固爲德之賊，而飽食終日無所事事，也會被人鄙薄。

當然，勤勞未必能使家業迅速發達，但若一家人個個勤勞，要保持小康之境，是絕無問題的。

節儉，是與勤勞相輔相成的另一美德。光勤勞不節儉，就如同開源不節流。即使水源再豐，也有枯竭之虞。

白頭翁從一終，
苟喪偶不貪生。
人謂，靈鳥癡情堪效法，
其實，生命意義不盡同。

俗名「白頭翁」的小鳥，是少數不肯雜交的靈鳥之一。這種鳥，不但嚴格奉行「一夫一妻制」，而且，一旦喪偶就會殉情自盡，絕無「續絃」、「再嫁」那回事。所以，有人感歎地說：「白頭翁如此癡情，實在令人欽慕！」

白頭翁從一而終，就愛情的角度看，實在令人感佩。而且，足使專玩愛情遊戲的青年男女深感汗顏。但從另一層面看，不論是人類或其他生命，「生存的意義是爲了創造繼起的生命」。白頭翁既是從一而終的靈鳥，當牠失去了終身伴侶的同時，自然也喪失了生存的意義和價值。所以，牠留在世上形同廢物，倒不如殉情自盡，還落個愛情至上的美名。

人生，除了傳宗接代，還有傳承文化道統、創造進化條件的責任和使命。因此，人類可以歌頌白頭翁的「專一」，卻不能感染白頭翁式的「殉情」。